ROBERT
DE NEUSTRIE
OU
LE CHATEAU D'ANNEBEAU.

II.

IMPRIMERIE DE LEFEBVRE,
rue de Bourbon, n. 11.

ROBERT DE NEUSTRIE

OU

LE CHATEAU D'ANNEBEAU.

PAR M. DE BOISSY.

TOME SECOND.

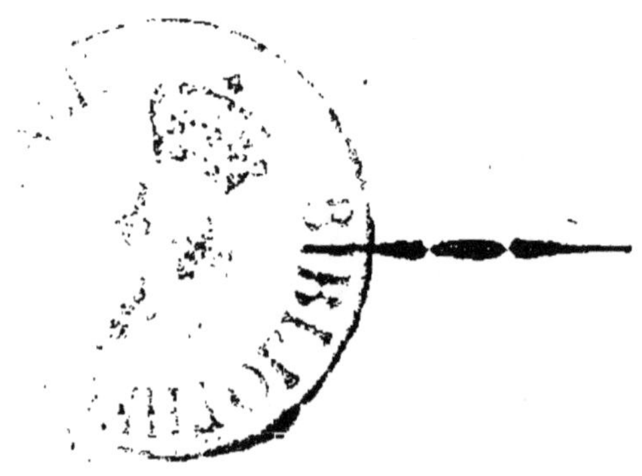

A PARIS,
CHEZ LE ROUGE, LIBRAIRE,
COUR DU COMMERCE, SAINT-ANDRÉ-DES-ARCS.
1825.

ROBERT

DE NEUSTRIE.

CHAPITRE XVI.

Tout ce que j'avais entendu pendant cette fatale nuit me faisait craindre à chaque instant d'être enseveli sous les ruines de cet affreux repaire. Il me fut impossible de fermer l'œil; et quand le jour parut, mes paupières appesanties de fatigue commençaient à céder au sommeil, lorsque Robert entra chez moi. Je trouvai sa physionomie plus repoussante qu'elle ne m'avait jamais paru. Il était pâle, les yeux hagards : Mon ami, me dit-il, vous voyez l'être le plus infortuné; ce que j'ai souffert cette nuit ne peut se comprendre; mais ce n'est point ici que je puis vous en instruire. Tenez-vous prêt à l'heure de la prière, ainsi que Jacques, je vous menerai dans la forêt, et là..... Et il mit le doigt sur sa bouche et me quitta. Quel est ce mystère? dis-je en moi-même; enfin je vais en être éclairci. Je réveillai Jacques, et ne lui parlai point de ce qui s'était passé: il était inutile de l'effrayer; d'autant plus que cette tempête ne paraissait avoir fait aucun dégât. Ma fenêtre donnait sur les jardins, qui étaient aussi frais que s'il eût fait la nuit la plus sereine. Je commençai à croire que tout le bruit que j'avais entendu n'avait pas été plus loin que l'enceinte des murs; mais cela ne me rassurait pas, car je me disais : moins tout ce qui se passe ici est surnaturel, plus les hommes qui font jouer de semblables ressorts sont redoutables par leur profonde scélératesse. Je le répète, je gardai ces réflexions pour moi ; j'engageai seulement Jacques à hâter sa toilette, d'autant plus qu'il ne traversait jamais le préau qui nous conduisait à la chapelle sans caresser sa chèvre. Il eût bien voulu, comme autrefois, boire de son lait ; mais on ne l'amenait là qu'après l'avoir traite. A qui donnait-on son lait ? c'est ce qu'il ne put savoir : tout était muet dans cette triste habitation ; on parlait une langue que ni Jacques, ni moi n'entendions. Il interrogeait sa chèvre ; mais elle ne lui répondait pas. Tout en riant de sa simplicité, je l'emmenai, pour qu'il vînt avec moi à la chapelle. Je ne sais qui avait empêché Robert de s'y rendre en même temps que moi; mais j'en conçus une faible espérance, qui se réalisa bientôt. A peine étais-je à genoux sur les marches de l'autel, qu'il tomba à mes pieds une petite boîte d'ivoire. Je la ramassai précipitamment, et la mis dans ma poche. Jacques avait voulu s'en emparer; mais il avait compris par mon regard que c'était à moi que cet envoi était fait.

Robert entra, et ne put se douter de rien. La musique commença, et il me parut plus distrait qu'il n'avait coutume. Je le vis plusieurs fois lever les yeux du côté des tribunes; et lorsque la voix de celle que j'imaginais devoir être Helmonde se fit entendre, il semblait agité du plus noir chagrin, tandis que ses accens faisaient éprouver à mon âme la plus douce jouissance.

Enfin la prière finit. Robert, comme il avait coutume, me prit par le bras, me fit sortir de la chapelle, m'entraîna avec une extrême vîtesse dans les jardins, et sans proférer un mot, il entra avec moi et Jacques dans le souterrain où j'avais pensé périr. J'aurais donné tout au monde pour avoir l'instant d'ouvrir la boîte qui devait contenir des choses importantes, et qui, j'étais bien sûr, renfermait un billet; mais il n'y avait aucun moyen de m'en assurer, car Robert ne m'avait pas quitté un moment. Ce souterrain, lui dis-je, n'est pas sans danger ; vous savez apparemment qu'un torrent le traverse? — Je sais tout; mais nous n'avons pas d'autre chemin. Cela ne me rassura pas, surtout pour mon pauvre petit Jacques, que je voyais emporté, comme je l'avais été, par les eaux. Nous suivions en silence cette route ténébreuse; car aussitôt que l'on avait quitté la grotte, la lumière ne pénétrait plus dans cet immense souterrain, qu'un air froid et humide rendait presque insupportable. Marchant très-vîte, nous eûmes bientôt atteint les bords du torrent. Nous entendions le bruit des vagues depuis long-temps. Comme il devenait plus sensible d'instans en instans, je dis à Robert : Eh bien, nous voilà au bord, que prétendez-vous faire ? — Le traverser. — Vous en êtes bien le maître; pour moi, je n'en ferai rien. — Ignorez-vous donc que l'on ne peut ici faire que ma volonté, ou tomber sous celle du véritable maître du château ? A cet instant, je vis briller un éclair qui laissa une trace de lumière bleuâtre suffisante pour éclairer assez ces voûtes et me faire apercevoir un pont.

Eh! que ne me le disiez-vous? repris-je aussitôt. — Je savais bien que vous le traverseriez. Et, en effet, nous traversâmes ce redoutable torrent sans la moindre difficulté. Alors je pensai que lorsque moi et mon adversaire nous y fûmes précipités, ce fut parce que la colère troublait tellement cet homme, qu'il avait oublié la place où était le pont. Je réfléchis que sûrement nous quittions la direction du torrent, puisque nous le traversions; nous ne sortirions donc pas par l'embouchure de ces eaux fangeuses, et nous gagnerons une issue inconnue à ceux qui habitaient le château. Cette idée, que je communiquai à Jacques, nous rendit l'espoir. Quand nous eûmes marché quelque temps encore, Robert nous dit: Nous allons trouver ici de nouvelles difficultés: le chemin n'est pas fait; mais je présume qu'en creusant nous pourrons sortir d'ici. — Comment! lui dis-je; nous prenez-vous pour des taupes? Creuser! et avec quoi? et dans une obscurité aussi profonde?

Quant à l'obscurité, je vais la faire cesser : et à l'instant nous vîmes la lumière d'une lampe qu'il avait apparemment allumée ou apportée sans que je m'en fusse aperçu; mais cette lumière ne me fit pas juger plus avantageusement de notre entreprise. La voûte finissait à l'endroit où nous étions, ou elle avait été comblée, ce qui eût pu donner plus d'espoir de sortir. A cette même place étaient des pelles, des bêches, des hoyaux, une brouette, enfin tout ce qui était nécessaire aux terrassiers. Il ne manquait plus que de la bonne volonté, et c'était, je l'avoue, ce que j'avais le moins. N'étant pas exercé à ces sortes de travaux, je ne me sentais pas capable d'y réussir. D'ailleurs je ne prévoyais pas combien ils dureraient, et rester enfermé ainsi dans cette demeure aussi triste que malsaine pendant plusieurs jours, me paraissait fort désagréable. Il me prit, je l'avoue, l'envie de résister entièrement à la volonté de Robert, et de me battre avec lui. S'il me tue, me disais-je, je serai débarrassé du fardeau de la vie; si je le tue, je remonte dans le château, je m'entends avec ceux qui l'habitent, je le leur laisse à condition qu'ils me permettront d'emmener la princesse; je la reconduirai à son père, qui me l'accordera en récompense du service que je lui aurai rendu. Mais tout-à-coup jetant les yeux sur Jacques, je me rappelai qu'il était un dépôt sacré que son aïeule m'avait confié; que ce n'était point la qualité de ceux avec qui on traitait qu'il fallait considérer ; que l'abus de confiance envers un simple habitant de la campagne ou envers un grand seigneur, était aussi criminel l'un que l'autre, peut-être plus, car le pauvre est naturellement porté à croire l'homme puissant et riche incapable de le tromper, et si l'on abuse de ce préjugé pour le trahir, on en devient bien plus coupable. Je renonçai donc à mon projet, et parus consentir à ce que désirait Robert. Nous nous mîmes à l'ouvrage ; mais la terre était dure et remplie de rocs, contre lesquels nos outils étaient trop faibles. Cependant, que ne peut l'opiniâtre volonté de l'homme ? nous parvînmes à creuser au milieu de cette masse un sentier étroit et peu élevé, ressemblant à ceux que les mineurs creusent sous terre. Jacques transportait avec sa brouette celle que nous tirions à quelque distance derrière nous, ce qui devait nous enfermer dans cette cave, et si nous ne pouvions pas parvenir à gagner l'ouverture que Robert présumait avoir été fermée par l'amas de terre et de pierres que nous cherchions à percer; si, dis-je, nous n'y parvenions pas, il fallait défaire le mur qui s'élevait; Dieu sait quel temps cela durerait! Robert, qui imaginait bien mes inquiétudes, me dit : Rassurez-vous, sire de Montaney, nous ne mourrons pas de faim. Et il me fit voir qu'il avait des vivres, du vin, de l'huile pour la lampe, et un briquet si elle venait à s'éteindre ; avec cela nous pouvons être tranquilles. Quant à nos lits, nous nous envelopperons dans nos manteaux; mais travaillons avec courage, je suis sûr que le succès couronnera nos efforts. J'avoue que ce métier n'avait pour moi nul attrait.

Robert était mu par un grand intérêt, tandis que moi je ne voyais point ce que je gagnerais à cette entreprise; je pensais toujours à ce que contenait la boîte, que je brûlais d'ouvrir sans oser le risquer. Je me disais : c'est peut-être un rendez-vous pour ce soir, et je n'y serai pas. Hélas! il fallut bien y renoncer. Il fut impossible d'arriver au terme de nos travaux dans le même jour; nous les avions interrompus plusieurs fois pour prendre quelque nourriture, il fallut aussi y mettre un intervalle pour nous reposer; nous nous enveloppâmes dans nos manteaux, et mettant chacun une pierre sous nos têtes, nous nous endormîmes. Mais, ô terreur! nous fûmes réveillés par des voix qui se firent entendre sous la galerie; heureusement le mur de terre était élevé presque jusqu'à la voûte. Nous avions caché notre lampe, de sorte que ceux qui nous cherchaient ne se doutèrent pas qu'ils fussent si près de nous. J'entendis distinctement un d'eux qui disait : Vous voyez bien qu'ils n'y sont pas, cela est bien prouvé : nous avons suivi toutes les branches du souterrain, ils ne sont dans aucune; ceci est le bout de la grande galerie, qui n'a point d'ouverture comme les autres qui communiquent avec les jardins, celle-là est sans issue. Ils sont dans quelques-unes des tours : mais quelle est leur idée de se dérober à nos regards? Allons nous reposer, demain nous recommencerons nos recherches, mais ce ne sera pas de ce côté, il est bien sûr qu'ils n'y sont pas; et ils s'éloignaient, lorsque l'un d'eux dit : Mais on croirait que cette terre est fraîchement remuée. — Quelle idée ! Ne voyez-vous pas, reprit un autre, que c'est l'humidité du terrain. Cet avis prévalut, et enfin nous les entendîmes s'éloigner, et la lumière des torches qu'ils portaient s'affaiblit peu à peu, et nous ne la vîmes plus.

CHAPITRE XVII.

Nous étions restés immobiles et silencieux tant qu'ils avaient été près de nous. Nous sommes bien heureux, dit Robert, qu'ils ne soient venus qu'après que nous avions cessé nos travaux; s'ils nous avaient entendus nous étions perdus. — Mais, sire Robert, permettez-moi une légère observation, vos diables ne sont pas très-malins, car il me semble qu'en qualité de génies ils auraient pu savoir que nous étions là.

Vous ne savez pas, seigneur Montaney, que celui qui est le maître des bons et des mauvais esprits, ôte souvent à ces derniers la connaissance des choses qu'il veut qu'ils ignorent; et c'est ce qui me donne l'espérance que notre entreprise réussira, car si Dieu ne l'avait pas voulu, il est certain que ceux avec qui malheureusement je me suis associé, auraient su que nous étions ici, et qu'ils eussent bien facilement renversé la terre qui nous séparait d'eux, et nous auraient étranglés.—Encore un mot, sire Robert : comment entendre ces esprits marcher, comme je viens de le faire; ces essences diaboliques ont donc des corps?—Qu'ils en aient ou n'en aient pas, cela ne vous regarde point, et toutes ces questions ne sont bonnes à rien; je vous ai dit ce que je voulais que vous sachiez; ne me mettez pas de mauvaise humeur; un mot de plus je les rappelle, je vous livre et Jacques à leur fureur, et c'est peut-être ce que je ferais de mieux. A ce mot, je jette le hoyau que je tenais, je tire mon épée, et je crie à Robert : en garde! ou vous êtes mort! Robert n'ayant pas la trappe pour se soustraire à ma colère, tire aussi son épée. Jacques se précipite entre nous, et se jetant à genoux, il élevait ses bras vers nous et nous criait : Au nom de Dieu! tuez-moi plutôt que de vous entr'égorger, que deviendrais-je si vous étiez morts? Robert, je dois dire la vérité, fut le premier que les touchans accens de Jacques désarmèrent; il jeta son épée, je baissai la mienne. Qu'allions-nous faire, dit Sirglas, et que deviendrait cet enfant? il faut, avant de nous battre, le rendre à ses parens : reprenons l'ouvrage, je ne doute pas qu'il sera fini avant la fin de cette journée. — Allons, dis-je, j'y consens. Et remettant mon épée dans le fourreau, je repris le hoyau, bien décidé toutefois à me battre contre Robert lorsque nous aurions reconduit Jacques à ses parens. Ce pauvre enfant n'était pas encore revenu de la peur que nous lui avions faite. Il me prenait les mains, les serrait dans les siennes; puis faisait aussi des caresses à Robert; mais il voyait bien que nous n'étions pas réconciliés, car nous ne nous parlions pas, et détournions la tête pour ne pas nous voir.

La journée se passa ainsi, mais le travail n'en avança que plus, et enfin nous sentîmes un vent frais qui ne nous laissa aucun doute que nous allions avoir la possibilité d'échapper aux démons ou aux méchans qui habitaient cette triste enceinte. Robert se jeta à genoux, remercia Dieu d'avoir béni son entreprise, et me tendit la main. — Sire Montaney, nous allons être libres, sera-ce donc pour nous livrer un combat à mort? ah! réunissons-nous plutôt contre l'ennemi commun. Je ne crus pas devoir persister dans mon dessein; je pris sa main, je la serrai avec force, et je lui dis : si en effet vous êtes guidé par l'amour de votre pays, je ne chercherai point à priver la patrie d'un de ses défenseurs. Nous nous embrassâmes, et il ne fut plus question de cette altercation; et reprenant l'ouvrage avec ardeur, nous eûmes bientôt fait un passage suffisant pour entrer dans la forêt, où ce souterrain aboutissait. Alors nous nous hâtâmes d'en sortir, nous rejetâmes nos outils dans la voûte, et nous en refermâmes l'entrée avec des broussailles. Nous fîmes plusieurs remarques aux arbres qui l'environnaient, et en nous orientant, nous cherchâmes de quel côté était la route qui conduisait à Montfort, dont nous ne devions pas être très-éloignés. Nous jugeâmes, à la hauteur du soleil, qu'il pouvait être six à sept heures du soir, et comme nous étions au mois de mai, il nous restait encore au moins deux heures de jour.

Jacques était au comble de la joie d'avoir quitté le château d'Annebeau. Il nous demandait s'il ne pourrait pas aller le lendemain voir sa grand-mère. — Tu la verras, mais il faut avant que nous ayons trouvé le seigneur Rodrigue de la Montagne, qui doit être dans ces cantons. Quant à ce soir, je veux prendre un peu de repos; grâce au malheur qui m'a poursuivi depuis quinze ans, je suis tellement changé, que personne ne me reconnaîtra plus. Pour moi, repris-je, je cherche à retrouver mes gens, et à me remettre à la tête des braves qui ont échappé du dernier combat; ainsi je suis très-aise d'avoir enfin quitté les murailles d'Annebeau, ce que je disais, non que je le pensasse, mais pour donner le change à Robert; car je ne désirais rien tant que de revenir à Annebeau; mais je voulais y revenir seul. Ainsi nous avions l'un et l'autre une arrière-pensée qui nous occupait fortement. Tous deux nous voulions enlever la princesse, avec cette différence, que Robert voulait se servir de mon bras, et que je ne voulais point l'associer à mon entreprise. Il y avait plus d'une heure que nous marchions, sans trouver aucune route qui nous mît sur le chemin de Montfort. Le soleil quittait l'horizon, et je voyais que nous allions encore passer une mauvaise nuit, et que surtout, je ne saurais pas ce que contenait la jolie petite boîte; car il m'était impossible de l'ouvrir en présence de Robert. Jacques, toujours imbu des contes de sa grand-mère, ne se souciait pas beaucoup de passer la nuit dans la forêt, qui lui paraissait, comme autrefois, celle de Dodone aux Grecs. Il marchait devant nous, et cherchait à retrouver la route qui avoisinait la maison de son père, pensant que s'il pouvait nous y amener, Pierre et Geneviève nous recevraient avec un grand plaisir. Aussi nous le vîmes revenir tout en courant, et si vîte, qu'à peine il pouvait parler. Enfin, après un moment, il reprit la respiration, et dit : O mes bons seigneurs! je crois que nous ne passerons pas la nuit sous ces arbres, j'ai vu là bas, là bas, une petite maison couverte en chaume, que je crois être celle de ma grand-mère, qui sera bien enchantée de vous recevoir. Si ce n'est pas la sienne, ce sera celle d'un autre individu qui ne nous refusera pas l'hospitalité, surtout en payant. En payant, repris-je, est fort bien dit; mais je n'ai pas un besan d'or. J'ai laissé dans votre triste manoir le peu d'argent que j'avais sur moi lors du combat de Montfort; je ne croyais pas le quitter si vîte. — Pour moi, reprit Robert, comme mon projet était de n'y rentrer que par les armes, j'ai eu grand soin de n'y pas laisser ce que je possédais, et qui est suffisant jusqu'à ce que j'aille chercher mon trésor; ainsi nous ne manquerons pas. Nous suivions Jacques, et nous vîmes en effet une cabane qui n'était pas éloignée; comme nous en approchions, j'aperçus une petite paysanne portant une cruche sur sa tête. Jacques alla à elle, et lui demanda si elle voulait lui donner le vase qu'elle portait, et qui paraissait la fatiguer. — Je vous rends grâce, lui dit-elle, je n'ai pas loin à aller. — Et où est-ce donc?—A cette petite maison que vous voyez là-bas. Jacques fut bien fâché de voir que ce n'était pas celle de sa grand-mère. Et qu'est-ce qui demeure là? — Ce sont mes père et mère. Alors Robert s'approcha, demanda à la jeune fille, à qui il présenta une pièce d'or, si on pouvait souper et coucher chez ses parens. Suzette n'osait pas prendre la pièce, mais elle dit que sûrement son père et sa mère les recevraient avec grand plaisir, sans qu'il fût nécessaire de payer. Robert la força d'accepter ce qu'il lui offrait, et on continua de marcher. Suzette disait à Jacques : Ils n'ont que moi d'enfant à présent, parce qu'ils avaient trois fils, dont l'aîné avait vingt-deux ans, et le plus jeune dix-huit. Un jour ils s'en sont allés pour prendre parti dans les troupes de Neustrie, et on ne les a plus revus. On dit qu'ils ont été tués dans un grand combat qui a eu lieu de l'autre côté de la montagne, et dont personne ne s'est sauvé, dit-on. — Oh! que si, reprit Jacques, il y en a qui ne sont pas morts, et qui pourraient vous donner des nouvelles de vos frères. — Vous croyez! — Ah! j'en suis sûr? — Ah! çà ferait bien plaisir à ma pauvre mère, qui depuis ce temps pleure toujours. Suzette (c'était le nom de la petite fille), suivait son chemin. Jacques était à côté d'elle, prenait son bras, l'appuyait sur le sien, et paraissait deviner les sensations qu'il n'éprouvait pas encore. Pour Suzette, qui ne doutait pas que nous ne fussions des chevaliers Neustriens, et qui le croyait mon fils, le prenait pour un jeune seigneur, avait avec lui une réserve qui tenait presque du respect, et qui déplaisait à l'ami Jacques, qui au contraire aurait voulu lui trouver cette familiarité à laquelle il était accoutumé avec ses jeunes voisines. Nous suivions ces enfans, et leurs propos naïfs égayaient nos pensées, portées naturellement à la mélancolie. Enfin nous nous trouvons en face de la cabane, devant laquelle était une esplanade où on avait planté quatre arbres, qui servaient à ombrager un banc. Là était assise une femme qui filait. Suzette vint à elle en courant, et lui dit : Ma mère, en lui montrant une pièce d'or, voilà des voyageurs qui demandent si vous pourriez leur donner à souper et à coucher. Jacqueline se leva, nous fit la révérence, et dit : Bien volontiers, mes bons seigneurs; nous vous donnerons notre lit, et nous irons coucher dans la grange. — C'est ce que nous ne voulons pas. Mais il fut impossible que ce fût autrement.

Le mari, qui était garde-chasse, rentra peu après. Sa femme lui dit ce qui nous amenait. C'est bien, répondit-il, en tirant de sa carnassière un lièvre et deux perdrix. Avec cela on soupe très-bien, dit Robert. Jacqueline et Suzette, ainsi que Jacques, car il ne quittait pas la jolie petite, s'occupèrent aussitôt de ce qui nous était nécessaire, et nous laissèrent avec Laramée. Robert avait entamé une assez longue conversation; pour moi, je me levai, et sous prétexte de voir le verger qui tenait à la maison, je me trouvai enfin libre de connaître ce que contenait la boîte de l'inconnue.

CHAPITRE XVIII.

Je me hâtai de l'ouvrir, et j'y trouvai un médaillon en or; je presse un bouton qui me paraissait un ressort: en effet il part, et me laisse voir un portrait dont la beauté me ravit. Dans la boîte était aussi un billet. Après avoir couvert l'un et l'autre de baisers, je passai à mon cou le portrait, car il était attaché à une chaîne de rubis, et je me mis à lire le billet. Il était écrit dans l'idiôme que l'on parle en Neustrie, ce qui me surprit, car Jacques m'avait dit qu'elle parlait la langue de son pays.

Billet d'Helmonde au sire de Montaney.

La fille des rois languit dans le plus triste esclavage : un guerrier déloyal s'est uni à des scélérats pour la retenir loin de sa patrie, loin de son père, de ses frères; il a publié qu'elle a péri dans les flots. Depuis huit ans que je languis dans ce château, je n'ai vu que vous qui aie osé y pénétrer. Arrachez-moi à mes tyrans, et reposez-vous sur la loyauté de mon père, pour en recevoir un prix digne de la grandeur du service que vous lui aurez rendu. Edgard, roi d'une partie de la Scandinavie, chef des guerriers du nord, ne pourra être accusé d'ingratitude envers celui qui lui aura rendu sa fille. Ce portrait, que vous lui présenterez, suffira pour qu'il vous autorise à tout entreprendre pour ma délivrance.

HELMONDE, *fille d'Edgard.*

Que devins-je à la lecture de ce billet! que de sentimens divers s'élevèrent dans mon âme! Ce n'était pas l'amour qui l'avait tracé; on ne demandait point à me voir; on réclamait seulement mon secours. Ce portrait, qui était capable d'enflammer la sagesse même, m'était envoyé comme un simple témoignage de la mission dont on me chargeait: ce n'était point une faveur que l'on daignait me faire. Il n'y a dans cette lettre, me disais-je, aucune expression qui puisse me laisser le plus faible espoir d'avoir touché Helmonde. Toutes les expressions sont mesurées; ce n'est pas le cœur qui parle; ce n'est pas le tumulte de la passion qui l'a dictée : Helmonde n'y quitte point son rang un seul instant ; c'est la princesse qui commande, ce n'est point l'amante qui prie. N'importe, chère Helmonde, votre attente ne sera pas trompée ; je vous délivrerai, ou la mort m'empêchera de remplir mon destin.

Une chose me fait un sensible plaisir, c'est qu'il est inutile que je rentre dans le château : Helmonde ne désire point me voir ; et ma disparution lui paraîtra la réponse la plus exacte à sa lettre. Mais comment expliquera-t-elle le départ de Robert ? croira-t elle que je suis parvenu à lui inspirer assez de confiance pour l'engager à se livrer à moi ? et ce qui n'est qu'un effet de circonstances imprévues, mais ordonnées par les décrets de celui qui gouverne l'univers, lui paraîtra-t-il un accord favorable à ses desseins ?

mais peut-être aura-t-elle des doutes sur cette réunion...? Robert est haï: comment approuvera-t-elle que je me serve de lui? et ma conduite ne lui semblera-t-elle pas une ruse dont je suis incapable? Je n'ai pas trompé Robert, car je ne lui ai rien promis. Et n'est-ce pas même son intérêt? ne doit-il pas bénir celui qui l'aura arraché à une passion criminelle, pour le rendre à la vertu, qu'il regrette en s'abandonnant au vice? Mon parti est pris: délivrer Helmonde, rendre à Robert son épouse et son fils, sans attendre d'autre prix de ces grandes entreprises que le sentiment intime du contentement de ma conscience; et si un jour l'amour daignait récompenser ces nobles travaux, c'est alors que je me trouverais le plus heureux des mortels. Mais sachons quels sont les plans que Robert a formés, et tâchons de les faire servir à l'exécution des miens. En disant cela, je vins trouver Sirglas, qui me cherchait pour me dire que le lendemain nous irions chez le seigneur de la Montagne; qu'il avait appris de Laramée que nous étions très-près de la forteresse qu'il habitait. Mais, ajouta-t-il, avant que nous nous réunissions à lui, je veux vous apprendre ce qui m'a forcé à sortir du château d'Annebeau, que j'habitais depuis huit ans, et dans lequel je ne veux rentrer que pour en chasser les esprits infernaux.

Cette nuit, quand Jacques dormira, je vous raconterai la fin de mes aventures et ce que je suis décidé à entreprendre. — Je vous écouterai, seigneur, avec le plus grand intérêt, et je mettrai tous mes soins à vous seconder, persuadé que vous ne pouvez vouloir que ce que l'honneur permet.

A ce même instant, Jacqueline nous vint dire que le souper était prêt. Nous nous assîmes avec plaisir à la table de ces bonnes gens. Tout était propre et bien apprêté : nous fîmes honneur aux mets. Jacques était enchanté en se trouvant auprès de sa jolie Suzette, qui continuait toujours à le traiter comme s'il eût été mon fils, ou celui de Robert ; et je ne pouvais m'empêcher de dire intérieurement : la vanité est donc attachée à la faiblesse humaine ! d'un mot Jacques pourrait assurer Suzette qu'elle ne doit pas agir si rèspectueusement avec lui : qu'il est son égal ; mais non, son amour-propre est flatté de passer pour le fils d'un grand seigneur, et il sacrifie les doux plaisirs de l'égalité dont il jouirait avec Suzette à celui de se faire croire un personnage important. Cependant il s'humanise; il dérobe un baiser que l'on n'ose refuser au fils d'un chevalier, que l'on donnerait à Jacques. Je voyais ce manége et je le fis remarquer à Robert qui, malgré son peu d'hilarité habituelle, ne put s'empêcher de sourire; mais aussitôt reprenant son caractère atrabilaire: Quoi! dit-il, déjà cet enfant, car en effet Jacques n'avait que douze à treize ans, est susceptible des passions qui tourmentent l'homme dans la force de l'âge, l'amour et l'orgueil? — L'amour! je ne l'imagine pas; il éprouve seulement une douce sympathie qui attire un sexe vers l'autre. Suzette à quatorze ans est fort jolie. Lorsque Jacques sera redevenu un simple paysan, il sera possible qu'il obtienne comme une faveur celle qui se croit maintenant honorée des agaceries de sire Jacques : et à quoi tient cette différence? à celle qui se trouve dans l'habillement du Jacques d'il y a un mois et du Jacques d'aujourd'hui. O hommes! ô hommes! ne jugerez-vous toujours que par les yeux! Nous nous expliquions ainsi nos pensées, Robert et moi, en langue saxonne, que Laramée et sa famille n'entendaient pas; ensuite je m'adressai au garde, pour lui parler de ses fils. Il me répéta ce que sa fille avait dit à Jacques. Je ne crois pas, lui dis-je, que vous deviez imaginer qu'ils sont perdus sans ressource. J'ai entendu parler de ce combat : il a plutôt été une déroute qu'une défaite. Je ne serais pas surpris que l'on n'aie pas encore pu rallier les Neustriens : une terreur panique s'était emparée d'eux; les plus braves ont été entraînés par ceux qui se persuadaient qu'il n'y avait de salut pour eux que dans la fuite. Ils se seront égarés dans la forêt ; la honte, la crainte les y retiennent. Peut-être il est possible aussi que quelques officiers aient pu les rallier et les aient emmené du côté de Rouen, dont on dit que les Normands paraissent vouloir faire le siége. — Ah! monseigneur, dit Jacqueline, s'il était vrai que je pusse revoir mes fils, je crois que j'en mourrais de joie! mais non, je n'aurai pas ce bonheur, et je les pleurerai jusqu'à mon dernier jour. Eh bien, dit Laramée, espère qu'ils reviendront; pendant que tu t'occuperas de cette pensée, le temps, qui toujours marche, entraînera avec lui une partie de ta douleur, et cela sera toujours autant de moins. Je fus frappé de la justesse de ce raisonnement et je me mis aussi à espérer qu'Helmonde serait sensible à mon amour, et que, délivrée par moi, je l'obtiendrais de son père.

Robert, qui avait une grande impatience de me parler de ses chagrins, feignit d'être accablé de sommeil. Jacques, au contraire, occupé du plaisir de causer avec Suzette, était plus éveillé que s'il eût été dix heures du matin ; mais Robert n'en pria pas moins qu'on nous laissât. Jacqueline emmena son mari et sa fille ; et quand nous fûmes seuls Robert dit à Jacques de se coucher. N'ayant plus là Suzette, il ne demanda pas mieux, car alors il se souvint qu'il n'avait presque pas dormi l'autre nuit, beaucoup travaillé une partie du jour, et fait un long chemin dans la forêt ; aussi il ne fût pas plutôt couché que ses yeux se fermèrent, et qu'il nous laissa complètement libres.

Alors Robert me regardant très-attentivement, comme pour lire dans ma pensée, me dit : Que dois-je imaginer de votre manière de me juger ? me croyez-vous un homme bon, sensible, qu'une passion violente entraîne, mais qui est susceptible de revenir au bien ; ou me croyez-vous un homme dur, féroce, à qui les sentimens de la nature sont étrangers ; enfin un méchant, un pervers ? — Voilà, je l'avouerai, seigneur, une question bien extraordinaire. Si vous me demandiez si j'ai pénétré votre caractère, vos goûts, vos principes, je vous répondrais qu'il n'y a pas assez de temps pour que j'aie pu prendre une connaissance exacte de votre manière d'être ; mais me demander si vous êtes bon ou méchant, je vous dirai que je vous crois bon, puisque je suis resté avec vous, car je fuis les méchans. — Ce que vous me dites-là, cher Montaney, me fait un bien sensible plaisir : oui, je ne suis point méchant; toutes mes inclinations sont portées au bien, et voilà huit ans que je vis d'une manière criminelle, et que je ne pouvais rompre les chaînes qui me retenaient dans le sentier de la perdition. J'en ai formé souvent le projet, et je n'ai pu l'exécuter; il a fallu que le ciel vous amenât dans l'affreux repaire où je me suis enseveli volontairement pour y cacher l'être adorable que je n'ai pu toucher. Aussitôt que je vous vis, que je sus que vous étiez Neustrien, je formai le projet de m'unir à vous et de fuir ensemble le château d'Annebeau, de chercher Clotilde, et de rendre Helmonde à son père. Mais j'avais besoin de savoir si votre courage était au-dessus du vulgaire; je vous abandonnai à mes hôtes, bien sûr toutefois qu'ils respecteraint votre vie. Vous êtes sorti victorieux de toutes les épreuves. Je vous ai donc choisi pour second; mais je ne dois pas vous cacher que ce ne sera pas sans péril que vous accepterez ce titre. Les êtres qui habitent Annebeau sont nombreux; il est certain qu'ils emploieront, au moment où nous viendrons les attaquer, tous les moyens qu'ils possèdent pour nous faire périr, dans la crainte que nous ne révélions leur secret. — Quant à moi, repris-je, ils n'ont pas à craindre mon indiscrétion, car je ne les connais pas, je ne sais pas s'ils existent, s'ils sont esprits ou corps; mais je ne les redoute pas s'ils m'attaquent loyalement; si au contraire ils m'accablent par le nombre ou me font tomber dans une embuscade, et si d'une manière ou d'une autre ils m'ôtent la vie, je ne pourrai pas m'y opposer, et les lois me vengeront. — Les lois! est-ce que des êtres surnaturels les redoutent? — Mon cher Robert, épargnez-vous la peine de vouloir m'en imposer, ce serait inutilement. Je crois que vous avez eu la faiblesse de consentir à vivre en société avec des scélérats qui vous ont fait jurer d'accréditer les fables qu'ils débitent, mais avec moi c'est inutile. Robert se frappa le front, et dit : Ah! je le vois bien, je ne pourrai vous convaincre, il est inutile que je continue : et il garda le silence. Je le laissai en proie aux réflexions dans lesquelles il était plongé ; m'étant jeté sur le lit, je m'endormis, non sans penser à Helmonde, et non sans baiser le médaillon qui renfermait son portrait.

CHAPITRE XIX.

Je crus que nous nous séparerions le lendemain, mais je me trompais. Robert me croyait nécessaire à son entreprise, il prit donc le parti de dissimuler; et lorsque je fus éveillé, il vint à moi et me dit : Vous savez assez de mes malheurs pour mériter votre intérêt. Il est inutile que je vous en apprenne davantage, je ne vous persuaderais pas, et nous finirions par nous aigrir l'un contre l'autre. Il vaut mieux nous unir pour délivrer la beauté malheureuse. Mais jurez-moi de ne jamais révéler ce que vous avez vu dans le château d'Annebeau, de ne jamais convenir que vous y êtes entré, et ne paraissez m'avoir promis votre secours qu'au moment où nous nous sommes rencontrés dans la forêt. — Voilà, seigneur Robert, ce que je ne puis vous promettre. Pourquoi voulez-vous que je me souille par un mensonge? ne puis-je pas être entré dans Annebeau sans avoir rien vu de ce qu'il vous plaît de cacher à Edgard? — Eh bien, je me contenterai de la promesse que vous me ferez de ne rien dire qui contrarie le récit que je ferai à Edgard. — Je le promets autant qu'il n'y aura rien de contraire à mes intérêts les plus chers. — Comment cela pourrait-il être? nos destinées n'ont aucune relation, et la beauté qui vous tient sous ses lois, car je crois bien qu'un beau et jeune guerrier comme vous n'est pas sans une amie, n'a sûrement aucun rapport avec mes tristes aventures. Moi je savais le contraire, aussi je fis le serment comme je l'entendais. Robert s'en contenta, et nous fûmes les meilleurs amis du monde.

Jacques s'éveilla : nous appelâmes nos hôtes, qui étaient levés depuis long-temps, ou plutôt avaient quitté la grange où ils avaient passé la nuit. Jacqueline eut bientôt préparé le déjeûner, et Jacques aida, comme la veille, la gentille Suzette à mettre le couvert. Laramée devait nous conduire, par la forêt, chez le sire de la Montagne. Le temps était superbe, et les oiseaux célébraient le retour de ce mois qui embellit les bois, les champs, de sa douce verdure. Jacques eût bien voulu que Suzette vînt avec nous. Votre père, disait-il, vous ramènera. Mais il n'y avait pas de raisons pour qu'elle quittât sa mère, ses occupations, pour le bon plaisir d'un jeune seigneur qui dans deux jours ne pensera plus à elle. Ainsi, mon jeune ami perdit encore, par orgueil, une matinée charmante, et il fut réduit à marcher silencieusement à côté de moi, tandis que nous entretenions Laramée, de chasse, de gibier et de tout ce qui avait trait à son état, qu'il possédait parfaitement. Comme nous avions fait environ trois lieues, nous aperçûmes une femme d'une quarantaine d'années, qui s'appuyait sur l'épaule d'une jeune fille d'environ dix ans. La mère avait été et était encore fort belle, et la jeune personne promettait d'être un jour au moins aussi bien. Jacques me dit : Vous voyez, monseigneur, cette dame et sa fille; comme celle-ci est jolie, n'allez-vous pas lui parler? — Nous les saluerons, et si elles le permettent, nous leur offrirons de les accompagner, dans la crainte des brigands qui infestent la forêt. En effet, Robert, comme le plus âgé, après avoir salué ces dames, leur offrit de les accompagner, car il ne trouvait pas prudent à elles de s'exposer ainsi toutes seules dans ces bois. — Nous n'allons pas loin, dit la mère, et d'ailleurs mon mari est dans ce canton. Il revient de Montfort, pour avoir des nouvelles qui nous intéressent; cependant, comme il est possible qu'il n'ait pas pris par la forêt, qui en effet passe pour assez mauvaise, il reviendrait par la grande route, et alors il pourrait bien être arrivé, et nous allons l'attendre. Elles nous saluèrent, et prenant un sentier sur la gauche, nous les eûmes bientôt perdues de vue, au grand chagrin de Jacques, qui trouvait la gentille bachelette très-jolie. Elle nous était, à Robert et à moi, fort indifférente. Nous continuions notre route, quand nous entendîmes le bruit du pas de plusieurs chevaux. Robert, par un mouvement involontaire, me prit d'une main, Jacques de l'autre, et nous força de nous enfoncer dans le bois, en nous disant : ce sont eux, ce sont eux, nous sommes perdus.

Laramée fut bien surpris, m'a-t-il dit, de se trouver seul, et cela lui donna assez mauvaise opinion de nous. La troupe que nous avions entendue ne tarda pas à joindre le garde. Robert s'était placé de manière à voir sans être vu. Il n'eut pas plutôt aperçu celui qui paraissait le maître de la caravane, que, nous ramenant aussi vîte qu'il nous avait amenés, il dit : C'est lui! c'est lui! je vais donc le revoir! J'avais toujours peine à m'accoutumer aux manières de Robert;

cependant il fallait bien s'y conformer : je le suivis, et en sortant du bois, je le vis s'élancer auprès du cavalier, qui, ne le reconnaissant pas, nous prit pour des voleurs qui venaient l'attaquer. Il tira aussitôt son sabre du fourreau, et les quatre hommes qui l'accompagnaient en firent autant. Quoi ! s'écria l'homme du château, vous ne reconnaissez pas Robert de Sirglas? Serait-il possible! dit-il; et remettant son arme, il descendit de cheval, et s'approchant de son ancien compagnon d'armes, il lui tendit les bras. Robert s'y précipita, et je vis se peindre sur son front une expression de sérénité que je n'y avais jamais remarquée. Cher sire de la Montagne, quel bonheur nous réunit? j'allais vous chercher. — N'avez-vous pas vu ma femme et ma fille? Je crois, dit-il, que ce sont elles qui allaient au-devant de vous. — Venez, mon ami; mais, dites-moi, quel est ce chevalier? — Vous le saurez, mon ami; et je puis vous assurer d'avance qu'il aura votre estime. Je répondis ce que je devais à ce témoignage de bienveillance. Robert tira deux pièces d'or de sa poche, et dit à Laramée qu'il n'avait plus besoin de lui, parce qu'il allait se rendre au château de la Montagne avec son ami. Le garde, très-satisfait de la générosité de Robert, nous quitta en nous assurant qu'il serait toujours à nos ordres, et me pria, si j'avais quelques nouvelles de ses fils, de vouloir bien le lui faire dire, pour consoler sa pauvre femme.

Rodrigue, sire de la Montagne, ne pouvait concevoir par quel bonheur Robert, qu'il n'avait pas vu depuis dix ans, lui apparaissait au moment où il s'y attendait le moins. Il croyait qu'il avait péri avec le bâtiment échoué sur la côte, comme il en avait fait répandre le bruit. — Tu vois, cher Rodrigue, que tout ce que l'on a pu raconter à ce sujet est faux. Attaqué par des pirates, j'ai été conduit par leur chef dans un château-fort, au nord de l'Écosse. Ils ont aussi la fille d'Edgard; mais je ne fus pas instruit alors du sort qu'ils lui avaient destiné. Je soupçonne qu'ils l'ont enfermée dans le château d'Annebeau, qui, comme vous savez, a appartenu à mes pères. Depuis long-temps ils ont trouvé le moyen de s'y maintenir, en répandant l'alarme dans les environs par des phénomènes qui font croire que des esprits malfaisans habitent cette demeure : il faudrait donc se réunir pour en former le siége. Mais, repris-je, si la princesse Helmonde est dans ces tristes murs, ne craignez-vous pas que ces scélerats ne tranchent ces jours? — Je ne le pense pas : la beauté d'Helmonde doit la garantir. Enfin nous réfléchirons à ce qui sera le plus avantageux. Je tenais à Robert la promesse que je lui avais faite, de ne point démentir ce qu'il dirait soit au sire de la Montagne, soit à Edgard; mais je n'en étais pas moins inquiet du parti qu'il voulait prendre, et je cherchais comment je ferais pour instruire le seigneur Rodrigue de ce que je savais sur l'existence réelle d'Helmonde, sans démentir Robert. Je priai le ciel, que l'on n'implore jamais en vain, de seconder mes vues, dont l'unique but était de secourir l'innocence opprimée. Car je ne me flattais pas d'obtenir un prix dont je ne me trouvais pas digne; je ne demandais pas moins à Dieu d'inspirer au seigneur de la Montagne des sentimens de bienveillance envers moi, qui lui donneraient confiance en mes discours. Cet espoir m'occupait, et je gardai presque toujours le silence, jusqu'à l'instant où nous arrivâmes chez le sire de la Montagne. Il avait envoyé d'avance un de ses gens, de sorte que nous trouvâmes le pont baissé. Élisabeth et Claire, c'étaient les noms de la femme et de la fille de Rodrigue, vinrent au-devant de leur père. Je les reconnus aussitôt pour celles que nous avions vues dans la forêt, et Jacques en ressentit une grande joie, car il avait trouvé Claire charmante. Ces dames ne s'aperçurent pas, à l'instant où nous arrivions, que Rodrigue fût avec des étrangers; mais il nous présenta à elles, Robert, comme l'un de ses plus chers amis; et quant à moi, il ajouta que Sirglas lui avait dit que j'étais d'une illustre maison de la province, et que je ne dégénérais pas de la vaillance et de la loyauté de mes ancêtres, de sorte qu'elles nous accueillirent avec bonté. Nous passâmes le pont et nous entrâmes dans un vestibule où étaient les trophées d'armes et l'arbre généalogique de la maison de sire de la Montagne, dont les premiers ancêtres étaient entrés en France avec Mérovée, et avaient obtenu des concessions assez considérables, qu'il avaient augmentées par la culture et par leurs épées. Élisabeth ne s'informa pas qui était Jacques; elle le crut un des parens de Robert, ou l'un des miens, de sorte qu'elle le traita avec toutes sortes de bontés. Le dîner ne fut retardé que pour donner le temps de cuire à un cuisseau de chevreuil que l'on ajouta au repas, qui, du reste, était excellent. Tout annonçait l'aisance et la noblesse dans cette habitation, dont Élisabeth faisait les honneurs avec infiniment de grâce.

Après le dîner, Robert et sire de la Montagne descendirent dans les jardins, et je restai avec la compagne du maître du château. Les femmes sont naturellement curieuses et défiantes, ce qui tient à leur faiblesse. Elles craignent toujours d'être trompées, et elles s'informent avec soin de ceux avec qui elles se trouvent en rapport. Elisabeth me fit donc plusieurs questions, auxquelles je répondis avec une grande circonspection, dans la crainte de compromettre Robert. Je lui dis seulement que je m'étais trouvé au combat de Montfort. — Oh ! mon Dieu, vous sauriez peut-être des nouvelles de Raould, qui y était; voilà un mois que nous ignorons ce qu'il est devenu. —Vous prenez, madame, intérêt à Raould? — Le plus grand, seigneur; c'est mon fils. — Je suis désolé de ne pouvoir vous instruire de son sort. La troupe que Montaney commandait, a été débandée, lui-même entraîné par les fuyards, et séparé de Raould. —Ah! que me dites-vous, seigneur! n'aurais-je qu'à pleurer mon fils, mon seul et unique espoir! J'ai perdu es deux aînés au siége de Paris; ceui-là me restait, et s'il n'est plus, e n'ai qu'à mourir. Je suis loin de e croire, lui dis-je, la nuit nous séara des ennemis; la crainte de tourer nos armes contre nos amis, nous it prendre le parti de la retraite. lle se fit avec peu d'ordre, et il nous ut impossible de nous rallier. Il est présumer que Raould, qui avait fait es prodiges de valeur pendant l'action, aura cependant pu rassembler les débris de cette troupe, et qu'au premier moment vous en aurez des nouvelles. — Ah! je ne m'en flatte plus! Et elle se mit à pleurer.

CHAPITRE XX.

A CE moment, Robert et son ami rentrèrent, et le second s'approchant de sa compagne, il lui prit la main avec affection et lui dit : Chère Élisabeth, quoi ! toujours dans les larmes ! Est-ce donc un malheur sans ressource que la disparution de Raould ? et est-ce la première fois qu'un guerrier laisse ignorer son sort après une défaite, pour ne reparaître qu'avec de nouveaux succès ? — C'est ce que je disais à madame : je suis persuadé que vous reverrez Raould avant peu. Alors Élisabeth raconta à son mari ce que je lui avais dit du combat de Montfort, et je vis que Robert était troublé. Cependant je n'avais en rien contrarié son récit; je n'avais point parlé du château d'Annebeau. Le combat de Montfort n'avait aucun rapport avec les aventures de Robert et d'Helmonde. Il examina soigneusement si je lui avais gardé le secret, et il eut toute la soirée l'air inquiet et rêveur. Rodrigue n'en était pas étonné, d'après ce qu'il lui avait dit de ses chagrins et de ses projets. La soirée se passa assez tristement de part et d'autre, excepté Jacques et Claire qui couraient sur le parterre après des papillons, et jouissaient de l'heureuse liberté de leur âge.

On proposa de jouer aux échecs, ce que j'acceptai avec grand plaisir, parce que c'était une diversion nécessaire dans la position où nous étions. Rodrigue et Robert furent forcés de reconnaître ma supériorité; je gagnai toutes les parties que je jouai contre eux. Nous nous retirâmes d'assez bonne heure. Mon appartement était séparé de celui de Sirglas. Il demanda à Jacques auprès duquel de nous deux il voulait passer la nuit. Près de Georges, dit l'enfant avec une vivacité qui prouvait assez qu'il me préférait à Robert; et quoique Jacques ne fût qu'un enfant, cette préférence qu'il me donnait chagrina notre paladin. Elle était cependant très-naturelle dans un jeune homme qui m'avait toujours vu doux et sensible, tandis que les passions terribles auxquelles Robert était en proie donnaient à sa physionomie une expression dure et quelquefois féroce.

Quand nous fûmes entrés dans la chambre qui nous avait été préparée, je la fermai en dedans, résolu à ne point ouvrir, si Robert venait la nuit pour me parler de ses projets : j'avais les miens, dont je ne voulais pas lui faire part. Ce que j'avais prévu arriva. Robert vint frapper à ma porte; mais je ne répondis pas. Il n'osa insister : là il n'avait point de prestiges à ses ordres. Il fut obligé de se retirer, et au moins je passai une nuit tranquille; mais dès le matin, j'entendis beaucoup de bruit dans le château : la cloche du beffroi sonnait le toscin. Je me levai en grande hâte, et je me rendis près de Rodrigue, pour savoir d'où venait cette alarme. Seigneur, me dit-il, on a aperçu de la grande tour une troupe assez considérable portant l'enseigne des Normands. Elle se dirige de ce côté; il n'y a aucun doute que si nous sommes attaqués, ce sera un miracle si cette citadelle n'est pas prise d'assaut. J'ai fort peu de munitions ; le nombre de mes gens n'est pas grand : il est vrai que, depuis que j'ai fait sonner l'alarme, plusieurs de mes vassaux se sont réunis à moi ; mais qu'est-ce que des domestiques et des paysans contre des troupes aguerries ? Je suis, je vous l'avoue, dans la plus vive inquiétude pour ma femme et ma fille. J'aurais voulu les soustraire à un ennemi barbare ; mais je n'en aurais pas l'instant, et il y aurait encore plus de danger en rase campagne, que dans ces murs. La valeur, repris-je, vaut mieux que le nombre. Vous, le seigneur Robert, et j'ose aussi me nommer, nous opposerons un courage réfléchi à la bouillante ardeur de ces hommes sauvages, et nous leur en imposerons de manière peut-être à leur faire abandonner une entreprise dans laquelle ils craindraient d'échouer.

Robert, qui vint nous joindre, fut de mon avis; et après avoir fait nos dispositions pour repousser une première attaque, nous passâmes dans l'appartement d'Élisabeth, et nous nous joignîmes à son mari pour la supplier de se retirer avec sa fille et Jacques au donjon, où au moins, si nous étions vaincus sur les remparts, on pourrait encore, en nous renfermant dans cette tour, nous y maintenir quelques jours et y obtenir une capitulation honorable; mais il fut impossible de faire consentir la compagne de Rodrigue à cette proposition. Elle jura qu'elle voulait mourir avec son époux, et que, ne pût-elle lancer qu'un javelot, s'il frappait à mort un Normand, ce serait une victime immolée aux mânes de ses fils. Jacques assura qu'il combattrait à mes côtés; qu'il savait tirer l'arc;

qu'il avait tué, au bord de la forêt, un loup qui lui avait enlevé un chevreau. Il n'y eut donc que Claire et les demoiselles de la dame châtelaine qui furent conduites au donjon, et nous nous préparâmes à une vigoureuse résistance. Le pont fut levé; on lâcha des écluses qui inondèrent la prairie, qui ne paraissait plus qu'un étang pour ceux qui ne connaissaient pas le canton. Nous comptions beaucoup sur cette mesure; on pensait aussi qu'il serait possible que cette troupe ne fît que passer pour aller joindre l'armée de Rollon qui menaçait Rouen, dont on disait que ce chef des Normands voulait faire le siége. Ils ne s'arrêteront pas ici, disait Robert; cette place n'est pas assez importante pour qu'ils y perdent du temps, et soient ensuite obligés de l'abandonner ou d'y laisser une garnison qui les affaiblirait. Telles étaient les différentes réflexions que nous faisions en attendant l'ennemi.

Lorsque enfin il n'y eut plus de doute que les Normands marchaient droit contre le château, ce qui nous causa le plus d'effroi, ce fut de les voir, lorsqu'ils furent arrivés au bord de la prairie, y entrer montés sur leurs chevaux, avec une assurance qui nous surprit et nous fit penser que nous avions été trahis par un des nôtres, qui savait que cette étendue d'eau avait au plus un pied de profondeur, et que le terrein parfaitement égal était très-solide : aussi arrivèrent-ils au grand trot. Il s'arrêtèrent à la portée du trait, et un hérault d'armes se présenta et démanda que le sire de la Montagne daignât paraître de l'autre côté du pont. Notre chef s'avancera à sa rencontre et lui expliquera ses prétentions, qui ne sont rien moins qu'hostiles. Ce discours, prononcé en langue neustrienne, parut bien extraordinaire à Rodrigue. Cependant, malgré tout ce que nous pouvions lui dire pour qu'il ne s'exposât pas, il fut impossible de l'empêcher de répondre qu'il allait faire baisser le pont, si le hérault lui donnait sa foi que son chef viendrait seul à l'autre bord du fossé : le hérault jura que la loyauté de son maître était au-delà de toute expression, et que le sire de la Montagne pouvait s'y fier sans aucune crainte.

Le hérault retourne en toute hâte porter cette bonne nouvelle à son chef. Celui-ci s'avança dès que l'on eut baissé le pont. Elisabeth se préparait à venir avec son époux recevoir l'inconnu ; mais le sire de la Montagne, faisant usage de l'autorité qu'il avait comme époux et comme chef de sa troupe pour défendre à qui que ce fût de le suivre, Elisabeth fut contrainte de rester dans les murs du château, et Rodrigue fit mettre ses soldats sous les armes pour forcer ce guerrier à se tenir dans le sentier de l'honneur, ou pour tomber sur lui s'il était capable d'en sortir.

On vit aussitôt s'avancer un jeune guerrier supérieurement monté; ses armes étaient d'acier poli, à clous d'or; son écharpe était de la couleur que portaient les Bretons; les plumes qui ombrageaient son chapeau étaient assorties à l'écharpe; la visière de son casque était baissée. Quand il fut à l'entrée du pont, son cheval hennit, et ceux des écuries de Rodrigue lui répondirent, ce qui parut singulier. On ne fut pas moins étonné de voir un grand levrier qui accompagnait le jeune guerrier, franchir le pont et venir flatter Rodrigue; mais celui-ci n'eut pas le temps de l'apercevoir, car au même instant l'inconnu leva la visière de son casque. Le vieillard, retrouvant la vivacité de ses jeunes années, traversa le pont avec une telle vivacité, que l'inconnu s'avançant avec le même empressement, ils se jetèrent dans les bras l'un de l'autre. Mais ce mouvement avait été si prompt, que les assiégés crurent que le chef des Normands violait le traité et venait attaquer sire Rodrigue. Ils s'avançaient pour s'emparer de ce guerrier félon, lorsque le sire de la Montagne, s'écria : Raould! c'est mon cher Raould. Alors Elisabeth, Robert, Jacques et moi, nous vînmes sur le pont, où tout passait pour moi de surprise en surprise.

Raould était mon lieutenant, ce fils chéri du sire de la Montangne, comment portait-t-il les couleurs des Normands?

Après les premiers transports, le père crut son fils traître à son pays, et était prêt à le repousser, lorsque Raould nous dit qu'il avait été obligé de se servir de cette ruse pour ramener ses troupes, qui avaient ainsi traversé l'armée ennemie ; que cet étendard était celui qu'il avait pris aux Normands dans le dernier combat, au moment où ceux-ci s'étaient emparés de celui aux couleurs de Neustrie. Alors la joie fut générale. On fit passer le pont à ma troupe, dont aussitôt Raould me remit le commandement, quoique je ne le voulusse pas, disant qu'il devait appartenir au vainqueur, et non à celui qui en avait été séparé par les hasards de la guerre.

Mais Raould m'assura qu'il mettrait toujours sa gloire à combattre sous mes ordres. On envoya Jacques au donjon apprendre ces bonnes nouvelles à Claire et aux autres demoiselles d'Elisabeth. La fille de Rodrigue fut à l'instant même dans les bras de son frère, qui ne pouvait s'arracher de ceux de sa mère, pour répondre aux naïves caresses de sa sœur. La joie de cette famille, égala la douleur qu'elle éprouvait quelques instans avant.

CHAPITRE XXI.

Rodrigue présenta son fils à Robert, et lui vanta les rares qualités et les hauts faits de son compagnon d'armes, et néanmoins il ne put inspirer à Raould l'amitié qu'il avait pour son capitaine. La physionomie de Sirglas ne donnait nulle confiance à mon lieutenant ; il lui trouvait quelque chose de faux, de dur, qui ne s'accordait pas avec tout le bien que Rodrigue disait de Robert.

Cependant, Raould dissimula son opinion, et s'étant seulement informé depuis quand son père avait retrouvé cet ami, qu'il avait cru mort, et ayant su que c'était avec moi qu'il était venu, il remit à un instant où nous serions seuls, pour connaître mon opinion sur ce singulier personnage.

Une partie de la journée fut employée au logement des hommes et des chevaux de ma compagnie, qui, quoique réduite à moitié, ne laissait pas moins d'être de plus de six cents hommes. Comme il y avait dans la partie que l'on appelait le vieux château, des galeries immenses, on en destina une pour les hommes et une autre pour les chevaux ; puis on distribua aux uns des vivres, aux autres des fourrages. Pendant ce temps, Elisabeth avait fait préparer un grand souper pour célébrer le retour de son fils bien-aimé, car Raould était de ses trois fils celui qu'elle aimait le plus. On y invita des voisins, et on retint les pères de famille les plus respectables parmi les vassaux, pour les faire participer à la joie de leur seigneur. Je me ressouvins alors de Laramée, et je m'informai si ses fils étaient avec ceux que Raould avait ralliés, et j'eus la satisfaction de les voir tous trois en parfaite santé. Alors j'envoyai un pâtre, qui connaissait les différens sentiers de la forêt, chercher le garde, sa femme et sa fille, qui accoururent et éprouvèrent une grande joie, en voyant leurs fils. Elisabeth leur fit servir une table particulière, où cette honnête famille put jouir en liberté du bonheur de se voir réunis.

En sortant de table, comme les jours étaient fort longs, on se livra à des divertissemens de toute espèce les plus analogues au goût des habitans de la citadelle : ce furent des évolutions militaires ; mais personne n'en fut aussi charmé que Jacques. Après avoir vu manœuvrer ma troupe, il était si enchanté, qu'il vint se jeter dans mes bras. Ah! monseigneur, me dit-il, permettez-moi de remplacer parmi vos soldats un des braves qui a péri dans le combat. Ah! je sens qu'il ne me serait pas possible de garder les chèvres, ni d'aller ramasser du bois dans la forêt. Faites-moi donner un cheval, une cuirasse, un sabre. — Et ta grand-mère, tu l'abandonneras donc? — Mon père est avec elle, deux de mes frères sont dans des fermes voisines. Elle peut en reprendre un avec elle, pour moi je ne veux plus vous quitter. — Nous verrons cela. — Oh! c'est tout vu, si vous ne me donnez pas un cheval, je vous suivrai à pied. — Tu en auras un, je te prends pour un de mes hommes d'armes, mais il faudra en faire part à tes parens; nul ne prospère qui prend un état sans l'aveu de son père et de sa mère. — Monseigneur, ce n'est pas que je voulusse m'éloigner d'eux sans recevoir leur bénédiction, Dieu m'en garde! mais je voulais être agréé dans votre compagnie, pour éviter à ma grand-mère toute incertitude, quand elle me verra tout équipé et un sabre à mon côté; elle sentira que c'est une chose faite; elle pleurera un peu, et puis je lui promettrai tant de belles choses, si je deviens tant seulement capitaine, qu'elle en sera tout éblouie, et me laissera partir sans chagrin. — Je le désire. — Quand irons-nous? — Mais puisque tu veux y aller tout armé, encore faut-il attendre que ta cuirasse soit forgée; celles de mes cavaliers seraient beaucoup trop grandes pour toi. Tu n'as pas de belle qui te donne d'écharpe. — Ah ! si Claire voulait me donner celle qu'elle brode pour son frère, dit-elle, c'est alors que je me croirais invulnérable ! — Mais peux-tu croire, Jacques, que la fille de sire de la Montagne te préfère à son frère ? — Oh ! je sais bien que si elle savait que je ne suis qu'un simple paysan, elle ne me regarderait tant seulement pas, mais vous lui avez dit que j'étais votre parent, alors elle peut me croire digne d'être un jour au nombre de ses défenseurs ; et qui sait si, aiguillonné par cet espoir, je n'obtiendrai pas d'être élevé au rang de chevalier ? Parmi vos ancêtres, un a commencé ; eh bien ! je commencerai aussi, et ma race sera, dans quelques siècles, ce qu'est la vôtre à présent. D'ailleurs, je ne sais si c'est le bonheur de vivre près de vous, mais depuis quelque temps mon sang bouillonne dans mes veines; tout ce que je vous entends raconter de hauts faits m'enflamme, me transporte, et Jacques sera un jour digne de vos bontés. — Mon enfant, je te promets de seconder ces heureuses dispositions, et dès ce moment je vais te confier à un de mes cavaliers, qui t'apprendra à monter à cheval et à manier les armes. Jacques, pénétré de reconnaissance, me prenait les mains, et disait : Rien ne manquerait à mon bonheur si vous m'obteniez l'écharpe de Claire. — Je m'en occuperai, je te le promets.

J'avais bien d'autres projets en tête, et je cherchais l'instant où je pourrais entretenir Raould sans témoin. De tout le jour ce fut impossible, et la nuit je craignais d'être interrompu par Robert, qui m'avait fait de vifs reproches de n'avoir pu m'entretenir la nuit dernière. Je l'assurai qu'accablé de sommeil je ne l'avais pas entendu. Mais qu'il serait possible qu'il me communiquât ses projets en présence de Rodrigue, puisqu'il paraissait compter sur lui pour les mettre à exécution. — Il est beaucoup de choses que je ne veux pas qu'il sache. Alors je pris le parti, au moment où on se retirerait, de l'engager à venir chez moi, pour me dire ce qu'il voulait m'apprendre la nuit dernière. — Non, reprit-il, je ne veux pas que Rodrigue connaisse ma fatale passion pour Helmonde, le séjour que j'ai fait dans le château d'Annebeau. — Vous me l'avez dit, mais si vous persistez dans le dessein de faire le siége de votre château pour tirer Helmonde des mains des scélérats qui l'y retiennent, comment y parvenir? —

D'abord il faut lever des troupes, passer avec un corps assez considéra-rable pour nous faire respecter, pas assez pour donner de l'ombrage, et et engager Edgard à m'aider dans cette entreprise, en me donnant des soldats et des armes. — Mais ne craignez-vous pas d'attirer l'étranger dans votre patrie? — Eh! n'y est-il pas de toutes parts! Peut-on se dissimuler que Rollon, l'invincible chef des Bretons, obtiendra du roi, hélas! trop faible pour lui résister, un établissement dans ces contrées? qui sait si alors je parviens à rendre la liberté à Helmonde, que son père, par reconnaissance, ne me la donnera pas? — Et Clotilde? — Qui me dit qu'elle existe? et ne serait-il pas possible qu'elle-même ait cédé au vainqueur, et ne se crût plus digne d'être mon épouse après l'avoir été d'un Scandinave? —

Ah! Robert, votre passion vous égare, et pour vous croire moins coupable, vous calomniez votre compagne. — J'en conviens, mais je ne puis résister au feu qui me dévore. J'avais cru que l'absence affaiblirait mon amour, il s'en est augmenté. Je vois sans cesse Helmonde; je me persuade qu'elle est plus favorable à mes vœux, parce que je ne l'entends pas me reprocher mon crime. Je me flatte qu'elle me saura gré d'affronter mille périls pour lui rendre la liberté. Enfin, mon cher Montaney, je suis un malheureux qui cherche à saisir quelques lueurs d'espérance, et si elles m'échappaient, la mort serait mon refuge. Vingt fois j'ai eu la pensée de terminer une vie que les rigueurs d'Helmonde, les malheurs de Clotilde, et la perte de mon fils, me rendaient insupportable; mais lorsque je pensais que je ne verrais plus celle que j'adore, que je ne pourrais plus m'opposer à ce qu'un autre obtînt sa main, je renonçais à mon funeste projet. Quelquefois je portais la démence au point de devenir parjure et d'obtenir par la force...... oui, j'en rougis..... jamais passion n'a pris un tel empire sur un infortuné, jadis vertueux; oui, elle m'eût porté au au dernier degré de scélératesse..... Ah! Georges, vous ne connaissez pas la force d'un sentiment qui s'empare de toutes les puissances de votre âme, qui ne vous laisse pas une seule pensée, qui ne vous fait voir qu'un seul objet auquel tout se rapporte, sans néanmoins en être plus heureux. Oh! fut-il jamais un malheur comparable au mien! mais il finira, et j'obtiendrai d'Edgard ou la vie ou la mort.

Je tâchai inutilement de calmer ses

douleurs, de lui parler de Clotilde, de son fils; de l'âge, qui amène enfin des sensations moins vives, de la haine que lui portait Helmonde, qui la ferait tout avouer à son père, afin de l'irriter, et qu'il ne consente pas à lui donner sa fille. J'ajoutai: peut-être la princesse aime-t-elle un jeune Scandinave (j'avais eu quelquefois cette pensée, et elle me déchirait le cœur). Je ne l'eus pas plutôt présentée à Robert, qu'il s'écria : Elle aimerait un autre que moi! Malheur! malheur à lui! je le poursuivrai jusque sur les glaces du pôle. Mais non, Helmonde n'aime rien que la vertu; son âme est aussi pure que le premier rayon du jour. Vingt fois j'ai interrogé son cœur, je lui ai parlé d'amour, cette langue lui était inconnue. Elle pleurait sa mère, ses frères, la joie lui était étrangère; combien j'étais touché de sa douleur ! combien j'aurais voulu l'arracher au triste séjour où j'avais eu l'imprudence de la conduire ! mais les cruels ne me le permettaient pas, ils la gardaient pour ôtage, ils me tenaient prisonnier, et sans vous je languirais encore dans leurs fers. Mais il faut y soustraire Helmonde, et ce ne peut être qu'en forçant ces être malfaisans à abandonner ce séjour. Lorsque nous aurons abattu les tours, ils disparaîtront. — Ils disparaîtront. Ah ! Robert, vous ne changez donc pas de langage ! — Le puis-je ?—J'entends, un serment. — Ne m'interrogez pas davantage. Et comme il arrivait toujours quand il voyait qu'il ne pouvait me persuader, il se retira. Enfin je fus libre de me rendre dans la chambre de Raould. En me voyant entrer chez lui au milieu de la nuit, il crut qu'il y avait eu quelque alerte. Je le rassurai, et lui dis qu'ayant les choses les plus importantes à lui communiquer, je m'étais permis de troubler son sommeil. — La nuit comme le jour, capitaine, je suis à vos ordres. Ayant fermé la porte aux verroux, je m'assis sur son lit, et je lui fis part en ces termes de tout ce qui m'occupait si puissamment.

CHAPITRE XXII.

Il y a peu de temps, mon cher Raould, que nous sommes séparés, et dans ce court intervalle il s'est passé des choses si extraordinaires, que j'ai besoin de trouver un ami fidèle à qui je puisse en parler sous le sceau du secret, et dont les sentimens d'honneur fixent mes irrésolutions. Alors je lui racontai dans le plus grand détail tout ce qui s'était passé au château d'Annebeau. Il fut de mon avis, que les prétendus diables étaient des malfaiteurs, qui, par des jongleries, éloignaient de leur demeure ceux qui auraient la fantaisie d'y pénétrer. Cependant, lui dis-je, je n'ai rien vu, rien entendu dans l'intérieur de ces murs qui puisse faire croire que l'on y fabrique de la fausse monnaie; encore moins que ces singuliers personnages sortissent du château pour attaquer les passans. Quelquefois on y entendait des gémissemens, mais ce n'était jamais que des voix de femmes: plus souvent on était ravi par les accords les plus mélodieux. On faisait très-grande chère, on buvait d'excellent vin; enfin il avait un oratoire, où, il est vrai, je n'ai jamais vu de prêtre; un médecin. Je n'ai vu que lui et un homme avec qui je me suis battu; et je lui racontai l'affaire du torrent. Du reste, personne n'allait et venait: comment les communications avec le dehors s'établissaient-elles? On n'apercevait pas un jardinier, ni un cuisinier; cependant rien n'est si bien tenu que les jardins, rien de meilleur que la cuisine. Que sont-ils donc ces êtres bizarres? Quel charme trouvent-ils à s'enterrer tout vivans? — Ce sont des criminels fameux par quelque forfait éclatant, dont ils craignent la punition; mais enfin, que prétendez-vous faire? — Leur enlever Helmonde, la conduire dans une abbaye, sans que Robert en soit instruit, puis agir avec lui comme si Helmonde était encore dans le château, soit qu'il en entreprenne le siége, sans autres forces que celles que nous pourrons réunir, soit qu'il agisse de concert avec Edgard. Qu'ai-je à craindre? Helmonde sera sauvée; elle m'en saura peut-être gré, et si elle ne veut pas de moi pour son époux, il est certain qu'elle ne trahira pas mon secret et qu'elle laissera penser à Robert qu'elle a trouvé seule le chemin des souterrains, et est parvenue à se soustraire à ses tyrans. — Mais, comment espérez-vous qu'elle viendra dans la grotte? — C'est ce qui demande de grandes réflexions, pour trouver le moyen de lui faire savoir que nous nous rendrons dans le souterrain. — Je ne vois, dit Raould, qu'un moyen; c'est de renvoyer Jacques à Annebeau. — Croyez-vous qu'il y consente? — Je le crois: cet enfant ne ressemble à aucun autre de sa caste; il a le plus vif désir d'en sortir. Faites-lui entendre que c'est par cela seul qu'il peut obtenir du duc de Normandie un grade élevé dans sa troupe, et je suis certain qu'il fera tout ce que vous lui prescrirez. — Mais le laissera-t-on rentrer dans le château? — Je le crois, parce que ceux qui l'habitent auront intérêt de savoir par lui ce que vous êtes devenu. Une fois rentré dans le château, ils l'y laisseront, sans penser qu'il pourra s'échapper ; et il est assez intelligent pour trouver le moyen de parler à Helmonde, ou à quelqu'une de ses demoiselles. Quand elle sera décidée à quitter le château, il attachera un morceau de drap écarlate à la plus haute des tours, et vous ou moi nous irons sur la montagne d'où l'on découvre le château d'Annebeau, et dès que nous apercevrons le signal, nous nous rendrons à l'entrée des souterrains, où, d'après ce que vous m'avez dit, nous retrouverons les outils qui nous seront nécessaires pour faire un passage dans les terres que vous avez amoncelées derrière vous. Je conviens que tout dépend ici de l'intelligence de Jacques; mais il me paraît qu'il n'en manque pas. — Je crains de l'exposer. — Je ne l'imagine pas : s'il n'entre pas, il n'aura rien à craindre, il reviendra, et nous verrons quel parti nous prendrons: mais je le répète, il faut essayer celui-là, et je ne vois pas que vous puissiez vous en faire un scrupule; car il est sans aucun doute qu'il n'est pas plus coupable d'employer cet enfant pour donner à la princesse Helmonde un avis d'où dépend sa vie, celle de tous ceux qui lui sont attachés, que de le conduire avec vous à l'attaque du château, où il serait bien moins utile. Ce raisonnement me persuada, et je me décidai à parler à Jacques, dont, au surplus, je connaissais la parfaite discrétion. Raould eut plus que jamais mauvaise opinion de Robert. Il aurait voulu que je séparasse ouvertement mes intérêts des siens; mais j'étais attaché à Sirglas par la foi du serment. D'ailleurs je supposais toujours que lorsqu'il serait forcé de renoncer à Helmonde, s'il retrouvait Clotilde, il reviendrait à des sentimens vertueux qui convenaient à son âge bien mieux que la folle passion à laquelle il s'était laissé entraîner; passion d'autant plus malheureuse, qu'elle avait obscurci les lumières de la raison dont la nature l'avait doué, et je me flattais qu'un jour il me saurait gré de l'avoir éclairé sur les dangers auxquels il s'exposait en s'obstinant à vouloir plaire à une jeune et belle personne qui le haïssait. Ainsi j'espérais que je n'aurais pas à compter Robert au nombre de mes ennemis; et enchanté d'avoir dans Raould un second aussi brave qu'intelligent, je me séparai de lui en lui donnant mille témoignages d'estime et d'attachement. Il y répondit par ceux d'un dévouement à toute épreuve.

Je rentrai chez moi et je trouvai Jacques qui dormait profondément. Je respectai son sommeil, et je dormis moi-même jusqu'au jour. Dès qu'il frappa mes paupières, j'éveillai Jacques et lui dis : mon enfant, viens avec moi dans la forêt ; j'ai des choses bien importantes à te dire. Jacques s'habilla promptement, et nous sortîmes de la citadelle avant que personne fût éveillé. Quand nous fûmes arrivés sous les antiques ombrages qui avoisinaient cette forteresse, je m'assis au pied d'un chêne, et je fis placer mon jeune ami à côté de moi.

Mon cher Jacques, lui dis-je, avez-vous réfléchi, en prenant le parti des armes, à l'aveugle obéissance qu'un militaire doit à ses chefs ? — J'ai toujours obéi à mes parens, et vous savez, monseigneur, que j'ai fait ce que vous m'avez commandé. — Je puis donc compter, quelque chose que je vous ordonne, que vous le ferez aussitôt? — N'en doutez pas, monseigneur. — Je pourrais vous y obliger par serment; mais j'aime mieux devoir à votre amitié le service que j'ai à attendre de vous. — Oh! pour cela, vous avez bien raison; car mon attachement pour vous, capitaine, est bien plus fort encore que ne pourraient être les sermens. — Eh bien, j'ai besoin que tu me donnes une grande preuve de cet attachement. Ce que j'ai à te demander est difficile, périlleux et veut une grande exactitude à suivre les instructions qui te seront données.

Le péril! je m'y suis accoutumé dans le château d'Annebeau, dont heureusement nous sommes sortis, et où je jure... — Ne jurez pas, Jacques, car ce que j'ai à vous demander c'est de rentrer dans le château. — Moi, monseigneur! si c'est avec vous, j'ai promis de vous suivre partout; mais seul, c'est impossible. — Eh bien, Jacques, retournez chez votre grand-mère, garder ses chèvres, ramasser du bois sec dans la forêt pour chauffer le four, je n'ai plus besoin de vous. — Ah! que me dites-vous, monseigneur! quoi! il faut que je retourne seul dans ce vilain château, ou que je reste toute ma vie un pauvre pâtre! Mais quand je voudrais y rentrer, le puis-je? les génies de l'enfer qui sont dedans ne m'y laisseront pas rentrer, si ce n'est pour me tuer, alors, à quoi vous servirais-je? — Si, après avoir tenté tous les moyens pour y pénétrer, vous n'y réussissez pas, vous êtes délié de toute obligation à cet égard, et vous revenez près de moi, pour y être traité comme mon propre fils. — Ah! que ne me ferait pas affronter cette promesse! mais que faut-il?

Alors je lui expliquai tout ce dont nous étions convenus avec Raould. Il me parut bien entendre ce que je lui disais, et être prêt à l'exécuter. Ce que je lui répétai plusieurs fois, ce fut que lorsque la princesse aurait consenti à me joindre, il faudrait toujours compter trois jours depuis celui où on aurait posé le signal, et qu'ainsi il ne faudrait pas qu'Helmonde se rendît avant ce jour-là dans la grotte; qu'il eut grand soin de ne pas la quitter, pour pouvoir sortir avec elle du souterrain. On pouvait s'en rapporter sur cet objet à la crainte que ce séjour inspirait à Jacques, et à son attachement pour moi. Ainsi je n'insistai pas sur ce point. Quand tout fut convenu entre nous, nous rentrâmes.

Jacques se rendit au manége, et moi je me réunis à la société. Robert était inquiet de mon absence, et il était aisé de lire dans ses traits la joie qu'il ressentait de mon retour. Je ne parus point m'en apercevoir.

La journée se passa comme nous avions coutume, à former des projets pour nous emparer d'Annebeau. Mais il n'y en avait aucun d'arrêté, ce qui me convenait; car j'aurais été bien fâché que ma troupe sortît de la citadelle du sire de la Montagne, avant que j'eusse assuré à la princesse un asile respectable. Dans un instant où je me trouvai seul avec Raould, je lui dis que Jacques avait promis de se rendre à Annebeau.—Vous réussirez par ce moyen, c'est le seul raisonnable; surtout, ajouta Raould, ne lui donnez rien d'écrit, afin qu'il soit impossible de le convaincre d'avoir avec vous le moindre rapport. Nous n'en dîmes pas davantage, dans la crainte d'éveiller quelque soupçon. Jacques fut fort gai toute la journée, et me parut entièrement décidé à suivre mes volontés. Il m'en réitéra la promesse le soir quand nous nous retirâmes. Ainsi je n'avais aucune inquiétude.

CHAPITRE XXIII.

Le lendemain, je dis à Jacques : il faut aller voir ta grand-mère, et lui faire part que je t'ai attaché à moi comme mon page ; j'irai avec toi, tu resteras deux jours avec tes parens, et le troisième jour tu te rendras à Annebeau. Voici cent écus que je te donne et que tu peux porter à ton père et à ta grand-mère, si tel est ton bon plaisir. — Certainement, monseigneur, cela me consolera si on me tue dans l'infernal château ; au moins je me dirai : j'ai laissé mes parens dans une honnête aisance, car avec cent écus ils peuvent acheter une ferme (1). Au déjeûner, je dis à Robert : je vais conduire Jacques à ses parens pour qu'ils lui permettent de rester avec nous. Robert dit que cette permission n'était pas nécessaire ; qu'ils avaient consenti à ce que leur fils vînt avec moi, qu'alors ils avaient renoncé à leurs droits. — Ils ne me l'avaient laissé que pour quelques jours, ce serait abuser de leur confiance : d'ailleurs chacun a sa manière de voir, telle est la mienne. Tant pis si cela ne vous convient pas, je pars et reviendrai ce soir. Raould m'offrit pour la forme de m'accompagner, et comme je le refusais, il me demanda si je ne désirais pas quelques cava-

(1) Il n'y a nulle proportion entre la monnaie du neuvième siècle et la nôtre, et entre la valeur de la terre.

liers. Je l'assurai que je n'avais besoin de personne ; il le savait bien. Mais c'était pour ne pas paraître instruit du lieu où j'allais, car je ne voulais pas que l'on sût qui était Jacques. Robert dit que c'était une folie de s'exposer ainsi, qu'il était bien sûr que je serais attaqué. Je l'assurai que je me défendrais, et que bien sûrement je serais de retour le soir, avant que l'on se mît à table. — Je le désire, mais je n'en répondrais pas. Rodrigue insista pour que je prisse une escorte, je le refusai.

Enfin nous partîmes Jacques et moi, montés sur le même cheval, et nous arrivâmes à la cabane de Geneviève. Elle était à sa porte et filait ; elle avait l'air bien triste. Le bruit des pas de mon cheval lui fit lever la tête ; et quand elle vit que c'était moi et son petit-fils Jacques, elle voulut se lever, mais la surprise avait enchaîné tous ses mouvemens. O mon Dieu, mon Dieu! monseigneur Montaney et notre petit Jacques! c'est trop de biens à la fois. Jacques se jeta dans ses bras, mais ce n'était pas avec l'effusion de la joie qu'il avait témoignée à son premier voyage. Un triste pressentiment semblait lui dire qu'il voyait son aïeule pour la dernière fois; il l'embrassait, et des larmes coulaient de ses yeux. Geneviève s'en aperçut, et dit : Qu'as-tu, mon fils, et qui te fait pleurer? — C'est de joie, lui répondit Jacques le plus tristement possible. — Jour de Dieu! si c'est là de la joie, qu'est-ce donc que la tristesse? — Oui, ma mère, c'est de la joie, car je vais vous rendre bien riches, et il prit dans une valise qu'il avait détachée de dessus son cheval le sac qui contenait les cent écus que je donnais par les mains de Jacques à la bonne vieille. Celle-ci ne savait pas ce qu'elle voyait.—Oh! vous avez bien fait, monseigneur, de venir avec ce petit garçon, car s'il était venu seul avec ce sac, je me serais persuadée qu'il l'aurait dérobé à quelqu'un. — J'en suis incapable, dit Jacques, d'un ton fier; et il aurait relevé sa moustache s'il en avait eu. — Là, là, ne te fâche pas, mon gars, je te crois, puisque monseigneur le dit. — Et quand il ne le dirait pas, serait-ce une raison pour croire que j'aurais déguisé la vérité? dans quelle occasion m'avez vous pris en mensonge?—Eh! non, non, laisse donc, tu t'échauffes pour rien.—Pour rien! quand on vous accuse de vol et de mensonge! Et mettant la main sur la garde de son sabre. Ah! vous êtes bien heureuse d'être femme et ma grand-mère, car il faudrait... — Eh! mon Dieu, monseigneur, comme il est devenu furibond, depuis que ce diable, sauf votre respect, l'a emporté, lui qui était si doux, si poli! — Il est maintenant, repris-je, attaché à ma compagnie. Nous ne sommes plus dans le château; je l'en ai fait sortir. Nous allons faire la guerre. — Eh! monseigneur, est-ce que nous savions cela? Je n'ignore pas que pour un militaire, l'honneur est bien susceptible; mais je n'ai pas voulu l'insulter, dites-lui donc qu'il ne me regarde pas comme cela, il me fait peur. — Allons, Jacques, embrasse ta grand-mère, et demande lui la permission de prendre l'état militaire. — Eh! mon Dieu, comment pourrais-je m'y opposer? n'est-ce pas lui qui fait notre fortune, et le ciel n'est-il pas juste envers lui..? Elle s'arrêta, et je ne compris pas alors ce qu'elle voulait dire.

Pierre arriva, et fut au comble du bonheur de voir son fils. Ah! mon cher Jacques, te voilà, je croyais bien ne jamais te revoir; et vous, monseigneur, que vous êtes bon de nous le ramener vous-même! — Je viens au contraire vous le demander, pour le faire entrer, quand il sera d'âge, dans ma troupe, que j'ai trouvée ralliée par mon lieutenant.—Ah! monseigneur, bien libre à vous, j'en ai encore deux, c'est bien assez. — Tu ne sais pas, reprit Geneviève, il m'a apporté un sac tout plein d'écus d'argent; c'est monseigneur Montaney qui vous le donne. — C'est à lui, il vous prie de l'accepter, et je trouve qu'il a raison, il ne peut en faire un plus digne usage.

Geneviève, racommodée avec son

petit-fils, s'occupa de préparer à dîner pour moi et pour lui. Pendant ce temps, j'emmenai le jeune homme dans la forêt, lui répétai tout ce que je lui avais déjà dit, et après l'avoir embrassé, je revins trouver ses parens. Nous dînâmes, puis je dis à Pierre de me donner mon cheval, et après avoir recommandé à Jacques de ne pas être plus de deux jours chez ses parens, ce qu'il me promit, je montai à cheval et repris le chemin de la citadelle, où j'arrivai le soir. Robert me demanda pourquoi je n'avais pas ramené Jacques. Il a, dis-je, préféré de passer quelques jours avec ses parens, je n'ai pas dû m'y opposer. Et il n'en fut plus question. Depuis cet instant jusqu'au moment où le signal me ramena à Annebeau, il se passa si peu de choses mémorables chez le sire de la Montagne, que je n'en ai point gardé la mémoire, et il me paraît plus intéressant de rendre compte au lecteur du voyage de Jacques au château d'Annebeau, et du succès de son entreprise.

Quand je fus parti, Jacques ne s'occupa que de donner à ses parens des témoignages d'amitié. Cependant, il fallait qu'il fît plus d'efforts qu'autrefois pour se trouver heureux auprès de ces bons paysans; il avait déjà pris le ton et les manières des gens de qualité, et sa grand-mère lui disait : Jacques, quand tu auras fait ton chemin, tu ne nous regarderas plus. — Qui vous donne cette pensée? je pouvais partir sans vous voir, et cependant me voilà venu : deux jours vont se passer, et je ne serai pas avec les braves qui ont daigné m'adopter, parce que j'ai voulu demeurer ce temps-là avec vous et mon père; que pouvais-je faire de plus ?— Tu remplis ce que ceux avec qui tu vis appellent devoirs, égards, mais ce n'est plus le cœur qui t'amène près de nous. Enfin il faut bien que je m'y accoutume. Cependant ne crois pas, mon cher Jacques, que tes présens, quelque considérables qu'ils soient, puissent me consoler de la perte de ton cœur. Ah! Jacques! Jacques! tu ne sais pas combien je t'aime! L'enfant se jeta dans ses bras, l'embrassa de tout son cœur, et lui dit : Ma mère, ne t'afflige pas, je t'aime beaucoup, et si j'ai l'air froid, c'est qu'il n'y a pas de doute qu'un changement d'état occupe; mais si je désire réussir dans celui où je vais entrer, c'est, je vous le jure, pour que vous, mon père et mes frères, soyez dans une position plus heureuse que celle où vous êtes, que vous n'ayez plus aucune peine, que le jour se passe pour vous sans aucun travail, sans aucune inquiétude. — Mais je ne te verrai plus. — Toutes les fois que je reviendrai dans cette province, mon premier soin sera de venir vous faire partager la joie que j'éprouverai de mes succès.—Ecoute-moi, Jacques, quelquefois le plus faible rend au plus fort des services signalés, peut-être un jour je t'en donnerai la preuve. Jacques, quand tu seras devenu un homme important, souviens-toi de venir me trouver, alors je t'apprendrai un grand secret. Jacques la pressa pour qu'elle le lui découvrît dès l'instant; mais Geneviève l'assura que jamais il ne le saurait qu'il ne fût au moins capitaine, et elle ajouta: Ton père l'ignore; mais si je venais à mourir, j'ai pris des précautions pour que ce secret ne soit pas enseveli avec moi dans le tombeau. Jacques ne put concevoir à quoi tenait ce mystère, et la curiosité qu'il lui causa servit à le distraire des sombres pensées que lui inspirait son entrée dans le château.

Le second jour qu'il passa chez Geneviève fut employé à aller voir une petite ferme qui était à vendre à quelques lieues de l'autre côté de la forêt, et qui convint parfaitement à Pierre. Il en conclut le marché, et Jacques eut la satisfaction de penser que ses parens ne seraient plus dans la misère. Si je meurs, dit-il, je serai au moins certain qu'ils ne connaîtront plus les embarras de la vie. Geneviève, à leur retour, entendit avec un sensible plaisir le détail que son fils lui fit de sa nouvelle habitation. Elle était dans un village que la Risle traverse; la maison qu'ils avaient achetée se trouvait bâtie sur le bord, et les vergers en recevaient une fraîcheur admirable. Geneviève ne cessait d'adresser des remercîmens à son cher Jacques, qui me les renvoyait. C'était à tort, car il est certain que je n'avais fait que reconnaître ce que je devais au dévouement de cet enfant.

Jacques passa la nuit à réfléchir sur la manière dont il pourrait pénétrer dans le château d'Annebeau. Aussi il dormit fort peu, et voulant éviter les tristes adieux, il se leva avec le jour; puis, usant des plus grandes précautions pour ne pas réveiller sa grand-mère et son père, il sortit à l'aurore, et prenant le chemin qui conduisait à cette plaine inculte où j'avais trouvé pour la première fois Geneviève, il se dirigea vers le redoutable château. Alors il pensa à Claire, au secret de Geneviève, et il se disait : Faut-il mourir sans revoir Claire, sans savoir ce que doit m'apprendre ma grand-mère! Mais si je dois mourir, à quoi me servirait de revoir Claire et de savoir le secret de Geneviève? Et suivant sa route, il se trouva au bord du fossé. Il s'arrêta, demanda au ciel de le protéger dans cette périlleuse aventure, et étant descendu au fond et remonté de l'autre côté, il se trouva sur la terrasse, en face de l'appartement de la fille d'Edgard.

CHAPITRE XXIV.

Depuis qu'Helmonde m'avait fait savoir ses intentions, elle ne manquait pas chaque jour de s'approcher de la croisée, au travers de laquelle je l'avais vue. Souvent elle montait sur la plus haute des tours. Enfin, le soir que Jacques arriva, elle l'aperçut de fort loin et se hâta de rentrer dans son appartement, pensant bien qu'il viendrait sous sa fenêtre : ce qui ne manqua pas. Il vint se placer sous les fenêtres d'Helmonde, et se mit à chanter :

> Ayez pitié d'un malheureux
> Qui réclame votre assistance ;
> Ne trompez pas ses timides vœux :
> On n'est puissant que par la bienfaisance.

Je suis errant dans ce séjour,
Sans y trouver la plus humble chaumière;
Je vais périr avant la fin du jour,
Si vous rejetez ma prière.

Jacques vit qu'Helmonde lui faisait signe de se rendre à la porte par laquelle nous étions entrés. Il s'y rendit : peu d'instans après, la porte s'ouvrit ; Jacques entra, non sans frissonner de crainte. Il traversa cette longue galerie par laquelle nous avions passé la première fois et où régnait la plus profonde obscurité.

Quelques chauve-souris, même un oiseau nocturne, qu'à la pesanteur de son vol il jugea devoir être un chat-huant, furent les seuls êtres redoutables qu'il rencontra, et s'avançant toujours, il parvint à la grande salle où la lampe brûlait. Il ne fut pas plutôt entré dans cette pièce, que la lampe s'éteignit, et un instant après, il se sentit saisir par deux individus, hommes ou diables, qui l'emportèrent comme la première fois et ne le posèrent sur ses pieds que dans la chambre d'Helmonde, qu'il reconnut parfaitement. Elle l'accueillit avec un doux sourire, et, dans une langue qu'il n'entendait pas, elle donna des ordres que l'on s'empressa de satisfaire, car elle était environnée, comme le premier jour qu'il l'avait vue, de plusieurs dames qui lui étaient attachées, et de quelques hommes d'un haute stature.

On apporta une table très-bien servie, et la princesse fit signe à Jacques de s'y asseoir. Il ne se fit pas prier, et soupa de très-bon appétit. La princesse lui dit quelques mots dans la langue du pays qu'elle parlait très-bien, et qui lui firent comprendre qu'il pouvait avoir toute confiance en une de ses dames, nommée Bertulfe, qui connaissait ses malheurs et sa résolution. Le souper fini, Bertulfe emmena Jacques dans l'appartement du médecin, et à qui elle dit en esclavon plusieurs choses que l'enfant n'entendit pas, puis elle le laissa seul avec lui.

Dès qu'elle fut sortie, le physicien embrassa l'enfant, et lui dit : Courageux jeune homme, votre bravoure ne vous sera pas inutile; en vous sacrifiant comme vous l'avez fait au sort d'une illustre princesse, vous en serez magnifiquement récompensé. Que je puisse, répondit Jacques, lui rendre la liberté, la recouvrer moi-même, et rejoindre le seigneur de Montaney, je me trouverais le plus heureux des hommes! — Des sentimens si généreux vous méritéront, mon cher enfant, de hautes destinées; ce soir vous êtes fatigué, demain je vous instruirai de choses qu'il faut que vous sachiez; dormez en paix, vous n'avez rien à craindre, on n'a de vous aucune méfiance, et on croit même que l'on pourra tirer de votre séjour ici de grands avantages. Mais restons-en là, ces murs sont tout oreilles. A ces mots, le docteur Albradus conduisit Jacques dans une petite chambre qui n'avait d'autre issue que par la sienne.

A peine le jeune homme se fut-il enfermé qu'il entendit entrer plusieurs personnes chez Albradus, qui parlaient une langue qu'il n'entendait pas. Il ne se fatigua pas à vouloir les comprendre, et s'endormit. Le lendemain matin, Albradus le conduisit à la chapelle, où il pria du plus profond de son âme pour la délivrance des prisonniers; car il était certain qu'Helmonde et sa suite étaient retenues par les scélérats qui habitaient le château. L'office fini, le docteur prit Jacques par la main, et le conduisit dans les jardins, et ils allèrent s'asseoir sur le banc de la grotte, et Albradus ayant examiné si personne ne les entendait, parla ainsi à Jacques.

Il est glorieux pour vous, sire Jacques, car je puis vous donner ce titre qui sera le moindre que la reconnaissance d'Edgard vous accordera; il est glorieux pour vous, dis-je, qu'aussi jeune on vous ait confié de tels intérêts que ceux qui tiennent à votre séjour dans le château; peu d'autres en votre place eussent voulu tenter l'aventure; mais je vous le répète, elle n'aura pour vous rien de dangereux. Cependant il est naturel que vous sachiez qui vous servez et à quels maux vous les arrachez. Il lui demanda ce que Robert avait appris à Georges de ses aventures. Jacques lui dit que Robert ne venait jamais trouver Georges que dans la nuit, il n'entendait que fort peu de choses de ce qu'il lui disait, étant presque toujours accablé de sommeil, qu'ainsi il ne savait pas ce qui retenait Robert et la princesse dans ce vilain château. Alors Albradus, après avoir dit en le moins de mots possible, à Jacques, ce que le lecteur sait de l'histoire de Robert et de Clotilde, ajouta :

Je crois bien que Robert ne s'est pas senti le courage de raconter à Georges ces tristes détails; mais moi je suis ici depuis plusieurs années avec Sirglas, il n'est rien de ses aventures bizarres que je ne connaisse parfaitement. Cependant il est un point sur lequel je ne pourrais vous donner de renseignemens certains, parce que ma langue est enchaînée par un serment, c'est celui qui a trait à l'existence de ceux qui habitent cette demeure depuis trente ans ; mais n'importe, quels qu'ils soient, esprits ou hommes, il n'en est pas moins certain qu'ils exercent une tyrannie horrible envers ceux qui entrent dans ces murs, dont jusqu'à présent on n'est jamais sorti.

La curiosité m'avait amené, il y a vingt ans, dans ces contrées dont j'avais entendu raconter des choses merveilleuses et effrayantes. L'étude de la physique, à laquelle je m'étais livré, me fit croire que tout n'était pas surnaturel dans ce qui se passait dans le château d'Annebeau, et je résolus d'y pénétrer par la ruse, si je ne le pouvais autrement. Je fus puni de ma témérité, et depuis vingt ans je languis dans les fers de ces barbares qui se rient de mes peines. Je m'étais approché de la terrasse, ayant l'air de chercher des simples. Hélas ! c'était moi qui l'étais de m'exposer ainsi pour une chose qui, au vrai, ne m'importait nullement ! Je faisais donc semblant d'examiner les moindres herbes, comme font les naturalistes. On m'observait du château, et c'était ce que je voulais. Il se trouvait que, parmi les êtres qui demeuraient ici, il y en avait un qui apparemment était revêtu d'une forme humaine, car il était dangereusement malade. La manière dont j'étais habillé, le soin que je mettais à recueillir des plantes, apprirent à ces scélérats mon état, et au moment où je me baissais pour ramasser une branche de pariétaire, je me sens saisir par quatre individus entièrement noirs, ayant autour du corps une ceinture rouge, aux doigts des pieds et des mains, des griffes longues et aiguës, sur la tête des cornes de bouc ; ils me prirent chacun par une jambe et par un bras, et m'apportèrent ainsi dans leur infernale demeure. A la force nulle résistance ; aussi je n'en fis aucune et je me dis : s'ils me tuent, ils m'épargneront la peine de vieillir. Je suis arrivé au temps où je n'ai plus qu'à décroître. J'avais alors trente-six ans; je regrettais ma mère à qui j'avais consacré ma vie, les lumières que j'avais acquises par l'étude de la nature; mais je n'en étais pas moins persuadé que la résignation était le seul moyen de supporter les plus grands malheurs, sans en être abattu. On m'eut bientôt fait entrer dans les murs du château, et on me porta dans un souterrain où les quatre individus, qui s'étaient fait précéder par un cinquième ayant un flambeau allumé à la main, m'attachèrent sur un lit avec de grosses chaînes, et sortirent aussitôt en fermant sur eux une porte de fer.

Je restai dans une obscurité profonde, et j'eus tout le temps de me liver à de tristes conjectures : car j'ai toujours pensé que je fus quatre à cinq heures sans entendre aucun bruit, quand tout-à-coup mon cachot fut rempli d'étincelles qui s'éteignaient et se rallumaient tour-à-tour; une détonation sourde se faisait entendre. Allons, me disais-je, apparemment que monseigneur Satan va paraître, car voici sûrement ses courtisans qui le précèdent.

En effet, peu d'instans après j'aperçus une figure de feu qui était aérienne; elle s'avança jusqu'à mon lit; j'étendis les bras pour la saisir, elle était impalpable, disparut, et replongea mon cachot dans la plus profonde obscurité. Deux minutes après, un bruit semblable au plus violent tonnerre retentit sous la voûte, et j'entendis ces mots : Albradus! jure que, dans quelque situation que tu sois, tu ne révéleras à personne notre existence. — Je le jure de tout mon cœur, car je n'en ai pas la moindre idée. — Jure-le sur ce livre. A l'instant deux figures couvertes de voiles couleur de feu me présentèrent un livre sur lequel je mis ma main, et je jurai de garder le secret de l'existence de ceux qui habitaient le château. Les figures et le livre disparurent; mon cachot fut rempli de la plus vive lumière; une musique délicieuse se fit entendre; on vint m'ôter mes chaînes, et des êtres à qui je ne puis assigner aucune place dans l'ordre des choses communes, me conduisirent chez un des leurs qui était sérieusement malade. Comme tout médecin doit les secours de son art à tout être souffrant, sans acception de vices ni de vertus, j'employai mes faibles connaissances à guérir cet individu, qui était aux portes de la mort. De ce moment j'eus une grande considération parmi les habitans du château, mais je perdis pour toujours ma liberté.

CHAPITRE XXV.

Albradus, qui ne voulait point donner de soupçons à Jacques, en resta là, et dit qu'il m'apprendrait le lendemain ce qui pouvait m'intéresser dans ce qui s'était passé au château. Ils rentrèrent dans leurs appartemens. Jacques passa la journée avec le docteur, qui, lui ayant demandé s'il ne serait pas bien aise d'apprendre à lire, art fort rare à cette époque, surtout parmi les nobles et les paysans (il n'y avait guères que les prêtres, les gens de loi et les médecins qui le possédassent), l'enfant assura le docteur que rien ne lui ferait autant de plaisir. Albradus lui donna la première leçon et lui trouva beaucoup d'intelligence ; aussi par la suite, en fort peu de temps, il apprit non seulement à lire, mais à écrire.

Revenons à ce que le docteur raconta à son jeune élève, touchant les lumières qu'il avait sur les différens événemens dont il avait été le témoin.

Lorsque j'eus passé quelques jours dans ce triste château, dit Albradus, où je me trouvai dès l'instant en rapport avec le chef de la horde, j'appris de lui de quelle manière ils existaient. Un des nôtres, me dit-il, s'est emparé d'un ermitage dans une île à quatre lieues de la côte, et y remplace un certain frère Ambroise qu'il envoya jouir de la récompense que devait lui assurer sa haute vertu — Quoi! dit Jacques, ils l'ont tué ? — Ils en tueraient encore bien d'autres. Cet être, continua le chef suprême, est doué de la faculté de prendre la figure qu'il veut. Il s'empara non seulement des habits de l'ermite, mais aussi de sa barbe blanche et de ses cheveux de pareille couleur : il eut la même facilité à composer ses traits et son maintien, et à faire de soi-même un saint personnage. Les marins et les jardiniers qui étaient accoutumés à venir dans l'île se recommander aux prières du pieux ermite, y vinrent de même, et sa réputation ne fait que s'accroître, car il prédit, comme l'autre, les événemens futurs; et comme il a, par sa nature, infiniment plus de connaissances que son prédécesseur, il arrive beaucoup plus de choses de ce qu'il prédit que de ce qu'annonçait le premier.

D'ailleurs, comme le père Ambroise, lorsqu'il alla recevoir la couronne immortelle, avait plus de quatre-vingts ans, et que voilà trente ans de cet événement, vous jugez combien une aussi longue vie inspire de respect; aussi les offrandes sont très-considérables. En outre, il y en a un autre de notre compagnie qui s'est fait pirate : il va dans l'île de l'ermitage s'emparer des offrandes des fidèles et les apporte dans une caverne sur le bord de la mer de Neustrie, d'où trois des nôtres les transportent de nuit dans une tour, à une lieue d'ici, et dans laquelle est la porte souterraine qui communique au château : ainsi, sans cultiver, sans chasser, sans pêcher, nous avons tout ce que produisent la terre, les forêts et les eaux. Rien jusqu'à présent n'a manqué à notre existence; nous avons ici tout ce qui peut rendre la vie douce, une table excellente, de bons vins, de jolies femmes, car nous en enlevons de temps à autre; nous les rendons à la société quand elles ne veulent pas s'accoutumer à nous, ou qu'elles cessent de nous plaire, mais nous gardons leurs enfans.

Le chef des mauvais génies entra encore, disait Albradus, dans d'autres détails qui ne vous intéressent pas; mais enfin voilà de quelle manière cette société se soutenait, lorsque le faux Ambroise écrivit ces mots au chef suprême :

» Voulez-vous des beautés admi-
» rables, des vivres en abondance,
» de grands trésors? tout cela vous
» arrivera par le premier chargement,

» si vous y consentez. Ce qui est assez » plaisant c'est que celui qui vous » fait faire cette proposition est le fils » des anciens propriétaires du châ» teau que vous habitez ; mais il con» sent à vous en céder la propriété, » pourvu qu'il trouve pour lui et sa » suite un asile sûr. »

Il répondit aussitôt qu'il y consentait, et il fit faire les préparatifs pour recevoir Robert, car c'était lui-même. J'avais connu ce seigneur et la belle Clotilde : il était alors renommé pour le plus preux, le plus vertueux des seigneurs neustriens : jugez quelle fut ma surprise en le voyant venir réclamer la protection d'êtres dont l'immoralité est l'essence, et encore plus quand je vis que Clotilde n'était plus celle que Robert aimait. Il me reconnut, et bientôt je devins le confident de sa fatale passion.

Quant à Helmonde qui m'inspira dès le premier moment un vif interêt, je me trouvai heureux de pouvoir lui être utile : la santé de cette princesse ayant été altérée par ses chagrins et par la fatigue du voyage, je fus appelé pour la soigner. Un médecin devient presque toujours l'ami de ses malades. Helmonde prit en moi une grande confiance, et je n'ignorai rien de ce qui l'affectait. Je vis qu'elle haïssait Robert, qu'elle avait horreur de ses associés, et qu'elle n'aspirait qu'à recouvrer sa liberté ; mais aucune occasion ne se présentait, parce que personne ne pénétrait dans le château. La princesse en conçut un tel chagrin que l'on crut qu'elle n'y résisterait pas, et sa santé, malgré mes soins, était si chancelante, que j'ai vu Robert employer tous les moyens pour obtenir du chef suprême la permission de sortir avec la princesse, mais ce fut inutilement. Cet esprit infernal refusa ses propositions avec toute la dureté imaginable. Robert ne pouvant rompre ses fers ni ceux d'Helmonde, fit au moins tout ce qui dépendait de lui pour distraire l'illustre prisonnière. Il composa des chants de guerre et d'amour qu'il faisait apprendre tant aux femmes attachées à Helmonde qu'à celles des êtres mystérieux du château : il y en eut même un qui osa parler d'amour à une des demoiselles qui avait accompagné la fille d'Edgard, et la princesse eut la douleur de la voir le prendre pour époux.

Quoi! interrompit Jacques, cette femme a épousé un diable! Hélas! mon enfant, reprit Albradus, ce n'est pas la première fois que cela est arrivé; et combien n'entend-on pas de femmes qui disent, en parlant de leur époux, c'est un diable, et qui n'en vivent pas moins fort bien avec lui ? Mais il n'en fut pas de même d'Algrave ; elle n'eut pas plutôt épousé le génie malfaisant qu'elle le prit en haine. Ce fut elle qui voulut entrer chez Montaney, la nuit, pour lui proposer de l'enlever ; mais son époux l'ayant trouvée à la porte de Georges, la ramena dans son appartement, où il la traita avec la dernière inhumanité ; il l'avait conduite dans les souterrains pour l'immoler à sa rage, mais ce fut lui qui succomba sous les coups de George. — Est-ce que les démons meurent ? — Il faut distinguer ici ceux d'origine et ceux nés d'un esprit de malice et d'une de ces infortunées qu'ils contraignent à les épouser : ceux-là sont mortels ; aussi l'époux d'Algrave est mort. Mais il n'en est pas plus certain qu'Helmonde consente à emmener celle-ci, parce qu'elle ne lui permet pas de paraître en sa présence, quelques prières qu'elle lui ait adressées par moi pour obtenir son pardon. Cependant il serait bien cruel pour cette malheureuse femme, de rester avec ces coquins après notre départ : il n'y a aucun doute qu'ils lui feraient souffrir les plus horribles tourmens. — Mais dites-moi, seigneur Albradus, pourquoi Robert avait-il pris ma chèvre ? — Parce que Helmonde ayant aperçu Blanchette, elle avait eu envie de l'avoir, et comme ses moindres désirs étaient des ordres pour Robert, il s'en empara et ne voulut jamais vous la rendre. — J'en ai eu bien du chagrin. — Soyez tranquille, nous l'emmènerons, et vous la rendrez à votre grand-mère. Cette promesse fit grand plaisir à Jacques; mais tout ce qu'Albradus lui avait raconté ne le rassurait que médiocrement, et il avait un vif désir de quitter le château d'Annebeau. Aussi dès le jour ils attachèrent le signal à la tour et peu à peu ils préparèrent leur fuite. Ils crurent devoir commencer à percer le mur de terre que nous avions fait lors de notre sortie, pensant que ce serait avancer leur départ. Les outils ne leur manquaient pas. Albradus, qui cultivait des plantes médicinales, en avait à lui, et on n'avait aucune raison de lui en demander compte.

Pendant qu'il travaillait avec Jacques, celui-ci lui demandait : mais qu'a-t-on pensé de notre départ ? — Il a causé une grande inquiétude, on a fait les recherches les plus exactes pour découvrir l'issue par laquelle vous auriez pu vous échapper, sans que l'on ait pu y parvenir. J'avoue que j'en voulais un peu à Robert de ne m'avoir pas emmené ; mais je réfléchis qu'il avait pensé que je pouvais être utile à la princesse. Quant à elle, il savait bien que pour rien au monde la fille d'Edgard n'aurait consenti à le suivre, ainsi il pensait que ce qu'il avait de mieux à faire était de quitter seul le château, où, d'après ce que vous me dites, il avait l'intention de revenir. Mais comment exposait-il celle qu'il aime si passionnément, à la rage des méchans, quand ils se verraient attaqués? Enfin ces scélérats furent bien contraints d'abandonner à la fortune les événemens qui suivraient votre départ. D'ailleurs n'ayant éprouvé aucun changement dans leur communication extérieure, ils se persuadèrent que Robert, fatigué de la résistance d'Helmonde, l'avait abandonnée.

Je fus appelé au conseil pour savoir de quelle sorte on se conduirait avec la princesse : vous pensez bien que je soutins, contre l'avis de quelques-uns, que l'on ne devait rien changer à la manière dont elle avait été traitée jusqu'alors, puisque ses trésors étaient bien au-dessus de la dépense qu'elle et sa suite pouvaient occasionner; que d'ailleurs en tout état de cause elle pouvait servir d'ôtage. Mon avis prévalut. Helmonde a continué à être traitée par ces êtres extraordinaires avec les mêmes égards que pendant le temps que Robert était ici. Mais, dit Albradus, je vois le jour qui pénètre sous ces voûtes, nous sommes parvenus à faire le passage qui nous était nécessaire; j'entends du bruit. En effet, j'arrivais de l'autre côté avec Raould et vingt hommes d'escorte. Je me jette dans les bras d'Albradus, et j'embrasse tendrement Jacques qui m'assura que la princesse était prête à nous suivre.

CHAPITRE XXVI.

Malgré le vif empressement que j'avais de revoir Helmonde que je ne connaissais que par le portrait qu'elle m'avait donné, je pensai qu'il fallait passer la nuit dans la forêt, et nous refermâmes encore la communication pour ne point donner de soupçons, quand Albradus me dit : attendez-moi un instant, je vais vous amener une des victime de nos tyrans, qui s'estimera la plus heureuse des femmes de vous revoir. En disant ces mots, il nous quitta, me laissa Jacques et traversa seul les souterrains. Environ trois quarts-d'heure après nous le vîmes revenir avec une femme; je tressaillis à sa vue, et je crus que c'était Helmonde; mais je fus bientôt désabusé et je sus que c'était Algrave. Elle ne savait comment m'exprimer sa reconnaissance.

Albradus après m'avoir confié cette infortunée, reprit avec Jacques la route du souterrain, et après en avoir masqué l'ouverture, nous nous enfonçâmes dans l'épaisseur du bois. Nous engageâmes Algrave à partager notre cantine, puis elle me raconta tous ses malheurs, et me supplia d'obtenir sa grâce de la princesse, ne dût-elle rester à son service que dans les plus humbles fonctions. Je le lui promis. Nous lui fîmes un lit avec des feuilles sèches et deux manteaux dont nous lui fîmes le sacrifice, car la nuit était fraîche.

J'attendais Helmonde aux premiers

rayons du jour et je les devançai par mon réveil tant je brûlais du désir de voir celle dont l'image avait enflammé mes sens. Cependant depuis plus de trois heures le soleil était sur l'horizon et je n'avais aucune nouvelle; mon tourment était extrême, je ne savais qu'imaginer. Qui pouvait retenir Helmonde? aurait-elle changé de projet? Vingt fois sans Raould j'aurais affronté tous les périls pour savoir par quelle raison la princesse ne se rendait pas dans le souterrain; mais mon fidèle lieutenant ne me perdait pas de vue et ne me permettait pas de m'exposer à une mort certaine sans aucune utilité pour Helmonde, quand tout-à-coup Algrave me dit: je vais rentrer, on fait si peu d'attention à moi que l'on ne se sera seulement pas aperçu que je me suis absentée depuis hier, et en me revoyant ce matin on ne s'informera pas si je sors ou non de la triste demeure qu'à la mort du barbare, qui m'avait forcée à lui donner ma main, on m'avait assignée, mon auguste maîtresse ne voulant pas me permettre d'habiter la partie du château où elle demeure. Je fus touché de la générosité d'Algrave, et je n'étais retenu d'accepter ce qu'elle me proposait, que par la crainte qu'elle ne s'exposât à quelque danger et que surtout elle ne manquât l'occasion d'échapper à ses fers; mais elle m'assura que dès qu'elle aurait quelque nouvelle certaine de la cause qui avait empêché Helmonde de venir me trouver, elle reviendrait aussitôt m'en avertir. Je la laissai donc reprendre la route des souterrains, et j'attendais avec une impatience mêlée de douleur, son retour ou l'arrivée d'Helmonde.

Trois heures se passèrent encore, et nul indice de ce qui avait eu lieu au château ne me parvenait, quand enfin je vis revenir Algrave, elle pouvait à peine prononcer quelques mots tant elle avait fait la course rapidement; mais elle fit entendre ceux-ci : Helmonde sera ici demain au lever du soleil. Il était impossible qu'elle se mît en marche dans ce moment, ce serait de la dernière imprudence si elle venait aujourd'hui. Je la priai de s'expliquer et après s'être reposée quelques instans, elle nous raconta que Jacques avait couru le plus grand danger.

Vous savez, me dit elle, qu'Albradus et Jacques retournèrent hier au château ; ils trouvèrent Bertulfe à qui ils apprirent votre arrivée, et il fut convenu que la princesse sortirait à l'aurore de ses appartemens pour se rendre dans les jardins; que les hommes de sa suite gagneraient par différens chemins les souterrains, les uns en suivant le torrent, les autres par l'ouverture qui est au bas de la montagne, afin de ne pas éveiller les soupçons; que pour Helmonde et les quatre dames qui lui sont attachées, elles se rendraient à la grotte, et suivraient le souterrain jusqu'au pont qui traverse ses eaux écumantes et vous entraînèrent et le malheureux Eliab. Là les officiers de la princesse devaient se réunir à elle pour suivre la voûte souterraine qui conduit à cette sortie. Tout était prêt, Helmonde n'emportait que fort peu d'or et ses diamans, ne voulant point donner la moindre idée d'un projet de fuite. La nuit se passa dans une grande agitation, car on sut que les mystérieux habitans du château, soit pressentimens du danger où ils seraient bientôt exposés, soit par simple précaution, s'étaient assemblés, et avaient fait comparaître devant eux Albradus et sire Jacques. Celui-ci pourra vous dire sous quelle forme il aura vu ces monstres qui en changent souvent. Mais voici ce qui a pénétré de ce conciliabule.

Le chef suprême a interrogé Jacques sur les motifs de son entrée dans le château. Il n'en a point avoué d'autre que les premiers qu'il avait donnés; il a répondu avec un sang-froid, une présence d'esprit inconcevable à son âge; soutenant que vous l'aviez emporté endormi au moment de votre départ, et qu'il ne savait pas par où vous aviez passé; qu'on l'avait couché au pied d'un chêne, et que lorsqu'il s'était éveillé il s'était trouvé seul; qu'il avait appelé Georges et Robert, et que ni l'un ni l'autre n'avaient répondu à ses douloureux accens; qu'alors il s'était levé et avait cherché une cabane où on put lui apprendre sa route pour gagner Montfort; mais qu'il n'en avait pas rencontré, et avait marché tout le jour sans trouver personne; qu'enfin une vieille femme que d'abord il avait pris pour sa grand-mère l'avait conduit dans une grotte où elle demeurait, et lui avait dit qu'elle était bien aise de le voir, parce qu'elle avait besoin d'un très-jeune garçon pour l'aider à faire un charme, dans lequel elle emploirait de son sang et de ses cheveux. A ces mots j'eus grand peur; la vieille le vit, et jugea que je voulais m'en aller, mais elle me jura que je ne lui échapperais pas, et que je resterais avec elle jusqu'au plein de la lune, où nous allions entrer; que d'ici là elle me nourrirait bien, et que le charme fini elle me donnerait un peu d'or. Il me fallut bien consentir à ce qu'elle voulut, mais je sentais pour elle une horreur invincible. Cependant elle me présenta à souper; j'avais si faim que je vainquis le dégoût que les mets qu'elle avait préparés me causaient. Après ce désagréable repas, je me couchai au pied de son lit, sur une peau de tigre, et elle me couvrit d'une autre de loup-cervier. J'eus bien de la peine à m'endormir. Je croyais toujours que cette mégère se releverait pour me couper le cou, et avoir ainsi autant de mon sang qu'elle en avait besoin pour ses charmes. Cependant il paraît qu'elle n'en avait pas la volonté, je l'entendis ronfler toute la nuit. Le matin elle me donna à déjeûner; je voulais sortir, elle n'y voulut point consentir. Je pris patience; plusieurs jours s'écoulèrent la pleine lune approchait, et j'étais toujours persuadé qu'elle me tuerait pour avoir tout mon sang, et je priais Dieu de me donner le moyen de m'échapper. Enfin le dernier jour du premier quartier, le ciel exauça mes vœux; la vieille magicienne fut attaquée d'une douleur de sciatique qui ne lui permettait pas de sortir de son lit, et lui faisait jeter les hauts cris, pour peu qu'elle voulût se remuer. Alors je pris mon parti. J'avais vu qu'elle mettait les clefs de sa porte sous son oreiller, je vins droit à son lit, et lui tournant le visage du côté du mur, ce qui lui causa une si grande douleur, qu'elle se mit à pousser des hurlemèns dont je ne m'embarassai guères, je pris les clefs, j'ouvris la porte, et me voilà parti. Je courus deux heures de suite sans m'arrêter, croyant toujours que la vieille, malgré sa sciatique, me poursuivait. Je me trouvai dans le même embarras où j'avais été avant d'être reçu par la magicienne, je marchai tout le jour sans rencontrer qui que ce fût, enfin j'aperçus, messeigneurs, les tours de votre château, et je suis venu implorer votre assistance. Vous m'avez reçu, j'en ai la plus vive reconnaissance, et je suis bien fâché de ne pouvoir vous la témoigner en vous apprenant ce que vos seigneuries désiraient savoir. Mais vous voyez par ce récit, qui est la vérité même, que je ne puis être instruit de ce que sont devenus Robert et Georges. Ils lui firent encore plusieurs questions, dont il se tira tout aussi adroitement, et enfin voyant qu'ils ne pouvaient avoir par lui aucun renseignement, ils décidèrent que Jacques était une bouche inutile, qu'il fallait le faire sortir, ce qu'Albradus parut combattre, soit qu'il fût fâché de se séparer de Jacques, soit qu'il voulût paraître désirer le garder, pour en faire, disait-il, un élève qui lui succéderait.

Les démons ne changèrent point d'avis, et ils ordonnèrent à leurs nains de conduire Jacques à la porte par laquelle il était entré, ce qui fut exécuté aussitôt sans qu'il fût possible à Albradus de lui dire un mot. Mais comme cet enfant est un prodige de courage et d'intelligence, il n'y a aucun doute qu'il ne tardera pas à vous joindre, connaissant parfaitement toutes les routes de ce pays.

Je remerciai Algrave d'avoir su me faire passer ces nouvelles, et malgré le chagrin que j'avais de voir le départ d'Helmonde différé, et l'inquiétude que me causait l'absence de Jacques, j'attendis avec résignation la fin de cette aventure, qui se termina heureusement, comme nous le verrons dans le chapitre suivant.

CHAPITRE XXVII.

Pendant que je remerciai Algrave de son récit et que nous admirions ensemble le génie de cet adolescent qui avait su se tirer, par une histoire si bien contée, du danger dans lequel il se trouvait avec ces scélérats, je me sentis pressé dans les bras de Jacques. — O mon ami, c'est toi? — Oui, monseigneur, malgré l'esprit des démons je me suis tiré de leurs griffes. —C'est ce que m'a dit Algrave. Mais comment est-il possible que tu aies inventé une aussi plaisante histoire? — Pour l'invention, je n'en ai pas le mérite, j'ai seulement placé assez heureusement un des contes de ma grand-mère, que je lui avais entendu réciter souvent à mes frères et à moi, pour nous endormir, quand nous avions peu à souper, ce qui nous arrivait quelquefois. J'ai pensé qu'il pourrait avoir le même effet sur les mauvais génies, ce qui est arrivé; leur prudence a été assoupie, ils m'ont ouvert la porte, et me voilà. — Mais dis-moi, mon cher, comment t'ont-ils apparus? — A peu près comme ceux qui m'enlevèrent quand j'étais chez mes parens, seulement ceux qui composaient le conseil, étaient mis plus richement, ils avaient des manteaux de pourpre, fourrés de peau de tigre, et rattachés avec des agraffes d'or; leurs écharpes étaient de drap d'or. Le chef avait une couronne de même métal sur la tête, et portait une baguette dans la main droite, ayant beaucoup de rapport avec ce que nous appelons un sceptre. Du reste ils sont noirs, et ont comme ceux que j'avais vu, des griffes au lieu d'ongles, et d'énorme cornes sur la tête. Je ne cache point qu'au premier moment j'eus peur ; mais quand je vis qu'il n'avaient pas l'intelligence de démêler le vrai du faux, je me sentis une sorte de mépris pour eux, et je pensai que notre crédulité faisait toute leur puissance, et que bien sûrement en les attaquant vaillamment on les aurait bientôt vaincus; mais ce qu'il y a de certain, c'est que demain Helmonde et sa suite seront ici au lever du soleil, Albradus me l'a assuré.

Ces bonnes nouvelles me comblèrent de joie, et je ne pensai, après un repas abondant fait avec Raould, Jacques et Algrave, qu'à aller jouir du repos pendant cette nuit qui préc'était le plus beau de mes jours. Des songes, enfans de l'amour et de l'espérance, me bercèrent par leurs douces illusions. Toute ma troupe partagea ma sécurité, et à l'exception de deux sentinelles que l'on releva toutes les deux heures, tout le reste se livra au repos. Mais il n'y en avait pas pour Algrave, et cette nuit si douce pour moi, elle la passa dans les plus vives alarmes. Intimement persuadée que sa maîtresse ne lui pardonnerait jamais, et qu'ainsi elle n'avait qu'un sort infiniment triste à attendre, elle désirait seulement qu'il fût décidé, l'incertitude étant le plus cruel des maux, car on souffre à la fois tous ceux que l'on redoute. Elle ne ferma pas l'œil de la nuit, et, fatiguée de l'existence, elle se leva la première, et ne voulant pas se trouver avec nous quand Helmonde arriverait, elle se retira dans l'épais du bois, sans s'éloigner assez pour qu'elle ne fût pas instruite du moment où la princesse nous rejoindrait.

Ce moment si désiré approchait; j'avais fait mettre ma troupe sous les armes, à peu de distance du souterrain, et menant Raould et Jacques avec moi, nous nous en approchâmes de manière que nous devions être instruits du plus léger bruit qui annoncerait l'arrivée de la princesse, et respirant à peine, tant mon attention était portée vers la route qu'Helmonde devait parcourir. Je croyais entendre ses pas, le froissement de sa robe; je la voyais s'avancer vers moi avec cette majesté qui était peinte sur son front; je la voyais fixer sur moi ses grands yeux noirs où brillait une noble fierté; je voyais ses cheveux qui le disputaient à l'ébène, tomber en boucles sur son sein. Enfin je me la représentais d'une taille élevée, et telle que l'on peint Minerve quand elle dispute à Neptune le droit de protéger Athènes. Telle avait été l'idée que m'avait fait naître le portrait qu'elle m'avait donné, et qui m'avait enflammé d'une si vive passion, que je ne croyais pas qu'aucun autre beauté pût jamais toucher mon cœur.

Je me livrais à tous les transports dont elle enivrait mon âme, quand enfin je ne pus douter qu'Helmonde approchait. Je voulais aller à sa rencontre, Raould au contraire me força de retourner auprès de ma troupe dans la crainte que la princesse ne fût poursuivie, et qu'alors je me trouverais engagé dans un combat inégal et dans un espace tellement resserré, qu'il était impossible que j'échappasse à l'ennemi. Je me laissai persuader non sans un vif chagrin, et je revins trouver mes gens. J'en détachai deux pour aller joindre Algrave et lui servir de guide et de défenseur jusqu'à ce que j'eusse obtenu sa grâce. J'attendais avec la plus vive impatience Helmonde, et à l'instant je vis sortir du souterrain un groupe de beautés qui se disputaient entre elles la palme, mais aucune ne m'offrait Helmonde. Celle qui paraissait marcher à la tête des autres, ce qui me fit croire d'abord que c'était la première dos demoiselles de la princesse, était ravissante de fraîcheur. L'éclat de son teint eût effacé celle du lis et des roses, ses yeux azurs peignaient la plus douce volupté, sans blesser la pudeur qui respirait dans tous ses traits. C'était la plus jeunes des Grâces, c'était Hébé. Tout était doux et gracieux en elle. Je ne puis cependant exprimer le mal que me fit éprouver la présence de cette charmante personne, car je sentis aussitôt que je désirais qu'Helmonde ne sortît pas du château d'Annebeau, je n'avais plus nul dessein de la délivrer, je l'eusse laissée sans difficulté à Robert : les intérêts de Clotilde, ceux de la vertu m'étaient en un instant devenus bien indifférens. Ah! qu'est-ce que le cœur humain, tant qu'il est assujetti aux passions qui se jouent à leur gré de ses réflexions! Resté immobile et tel que les voyageurs nous représentent les infortunés charmés par les regards du serpent, je n'osais faire un pas, ni ouvrir la bouche; j'aurais voulu qu'il me fût permis de tomber aux genoux du nouvel objet de mon amour, et il me restait encore assez de raison pour sentir que je ne le pouvais sans manquer essentiellement à la princesse : tout ce que je venais d'éprouver n'avait été que l'affaire d'un instant. Enfin j'allais fuir, quand je vis Albradus qui s'approcha de moi, et me dit : Seigneur Montaney, venez que je fasse connaître à la princesse son libérateur. — Quoi ! lui dis-je, serait-ce Helmonde ? — Oui, c'est moi, dit-elle, avec un doux sourire. — Que me dites-vous ! serait-il possible ! quoi ! madame, vous seriez la fille d'Edgard ? — Oui, seigneur, ne le saviez-vous pas ? n'est-ce donc pas moi que vous attendiez ? — Ah ! madame, pardonnez au trouble.... à la joie que je ressens. Vous êtes Helmonde, et en disant ces mots, j'étais tombé à ses pieds, je portais le bas de sa robe à mes lèvres. — Levez-vous, sire Montaney, de tels hommages conviennent peu à une pauvre captive. — Vous ne l'êtes plus, madame ;

mais daignez répondre au plus soumis de vos esclaves, de qui est donc le portrait que vous daignâtes m'envoyer ? — C'est celui de ma mère. — O ciel ! grâces vous soient rendues, tout est expliqué.

La princesse parut étonnée de ce discours, mais elle se garda bien d'en demander l'explication. Pour moi, je passai tout-à-coup du plus grand chagrin aux transports du bonheur, le plus grand que l'on puisse concevoir. La beauté de la jeune princesse était bien plus analogue à l'idée que je m'étais faite de la compagne de ma vie. J'avais toujours senti en adorant sa fausse image, que je ne pourrais jamais jouir avec elle de cette douce égalité qui fait le bonheur des amans. Mais, insensé que j'étais, quoiqu'Helmonde fût naïve comme une simple bergère, en était-elle moins la fille des rois, et n'avait-elle pas prouvé à Robert qu'elle connaissait la distance qui était entre elle et lui? Suis-je plus que Robert? celui-ci, il est vrai, l'avait trahie, privée de sa liberté, et moi je suis son libérateur; d'ailleurs je suis libre, et mes vœux sont purs. Ces différentes pensées se succédaient dans mon âme, et ne m'empêchaient pas de paraître occupé seulement de la sûreté de la princesse et de sa suite. Ses écuyers, ses esclaves la suivaient; tous me bénissaient d'avoir rendu la liberté à leur auguste maîtresse, qui me les présenta, ainsi qu'elle me nomma ses demoiselles. Il n'est donc plus, lui dis-je, aucun des vôtres dans le château? — Non, répondit-elle, car je ne puis regarder comme m'appartenant celle qui s'est unie à un de ces monstres; je l'abandonne à son malheureux sort.

—Lorsque je l'ai vue, madame, elle paraissait pénétrée du repentir le plus amer. — Elle n'a rien fait pour obtenir que je l'emmenasse, il est trop tard à présent. — Mais, madame, si, espérant recouvrer un jour vos bontés, elle avait profité de ma faiblesse, dit Albradus, pour obtenir de moi que je la fisse sortir du souterrain, me le pardonneriez-vous? —Je vous ai trop d'obligations, docteur, dit Helmonde, pour que je vous sache mauvais gré d'une action qui ne peut que faire l'éloge de votre cœur. — Ah! madame, dis-je en mettant un genou en terre, si vous croyez que nous ayons été assez heureux pour vous servir, daignez nous en donner le prix en accordant la grâce de cette infortunée. Au même instant, Algrave vint se prosterner aux pieds de la princesse, qui la releva avec bonté en disant : non, je ne refuserai pas à mes libérateurs leurs demandes. Algrave, je vous rends mes bontés. Cette infortunée ne put résister au passage subit de la douleur à la plus extrême joie, et elle s'évanouit. Mais ses compagnes qui partageaient son bonheur, lui rendirent bientôt par leurs soins la faculté de le sentir. Elle revint à la vie pour jurer à la princesse de la consacrer entièrement à son service, et de réparer dans tous les instans de sa vie par son zèle, la faute énorme qu'une passion insensée lui avait fait commettre.

CHAPITRE XXIX.

Ces premiers momens passés, je demandai à la princesse quels étaient ses ordres.—Hélas! dit-elle, échappée à une captivité trop rigoureuse, je ne puis dire néanmoins que je recouvre ma liberté, car je retombe dans la cruelle dépendance de la nécessité. Forcée, pour ne donner aucun soupçon de ma fuite, d'abandonner mes trésors, il ne me reste que des objets de luxe, peut-être difficiles à vendre dans cette province que la guerre a rendue pauvre, et cependant j'ai plus de quatorze personnes à faire vivre, jusqu'au temps où je pourrai rejoindre mon père.—Ne doutez pas, madame, que je ne trouve les moyens nécessaires pour subvenir à l'existence des hommes de votre suite. Quant à vous, madame, et à vos dames, il suffira que vous déposiez une faible portion de vos diamans dans les mains de l'abbesse, pour qu'elle se charge sans difficulté de tout ce qui vous sera nécessaire pendant votre séjour en Neustrie; je connais particulièrement l'abbesse, qui aura pour vous et les vôtres tous les égards que vous méritez.—Je conçois d'après vos mœurs qu'Albradus m'a fait connaître, reprit la princesse, que c'est le parti qui me convient le mieux, mais il présente une difficulté presqu'insurmontable. — Et quelle est-elle? dis-je. — Celle de la différence de religion. Elevée dans la croyance qu'Odin gouverne le monde, comment pourrais-je renoncer aux Dieux de mes pères? — Ils vous ont abandonnée, le mien prendra soin de vous. O madame! les vertus qu'ils vous a données ne seront pas inutiles, vous devez être chrétienne. —Si tous les chrétiens ressemblaient à Robert, je serais bien fâchée d'embrasser une religion qui autorise à manquer aux traités, à profiter de sa force pour opprimer l'innocence. — Ne le croyez pas, madame, et n'accusez pas l'auguste religion que nous professons, des crimes de quelques-uns qui se disent chrétiens, et que la même religion repousse de son sein. Mais il appartient mal à un soldat de prendre sa défense; si vous consentez à vous retirer dans un couvent, ce seraient les vierges consacrées à Dieu qui vous instruiraient de nos mystères. — Je crains leurs suggestions. Je ne veux pas avoir d'autre croyance que celle de mon père ; je ne veux point, quand il sera reçu dans le palais d'Odin, ne pas conserver l'espérance de l'y joindre. Cependant comme j'ai entendu dire à Albradus que ces asiles étaient les seuls où de jeunes filles pussent être à l'abri des dangers qui environnent l'inexpérience, je crois qu'il n'y a pas de meilleur parti pour moi que d'accepter ce que vous m'offrez, en prévenant toutefois vos saintes filles que ce ne sont pas des prosélytes que vous leur amenez ; mais si on me reçoit et mes demoiselles, que deviendront mes écuyers et mes esclaves ? — Ils trouveront moyens de demeurer dans les environs, et ils seront à portée de se rendre à vos ordres. Quant à Albradus, il n'y a aucun doute que l'abbesse désirera de le garder dans un logement extérieur de l'abbaye, car je sais que leur médecin est mort depuis quelque temps, et il suffira que je nomme Albradus, pour que les religieuses sentent tout l'avantage de l'attacher à leur maison.

Tous ces arrangemens se faisaient entre la princesse, Albradus et moi. Raould, ses vingt hommes et ceux de la princesse avaient été chercher dans l'épais de la forêt, un lieu sûr dans lequel ils devaient former des cabanes de feuillage, où la princesse pourrait trouver pour elle et ses dames, à peu près la sûreté d'un camp pour y passer la journée. Albradus partit dès l'instant pour se rendre à deux lieues de Rouen, dans l'abbaye de Sainte-Radegonde, afin de faire préparer des logemens pour la princesse et sa suite. Je lui donnai une lettre pour l'abbesse, qui était proche parente de ma mère. Jacques, que la princesse avait revu avec plaisir, car elle était inquiète de lui, avait eu une grande joie. Blanchette avait suivi Helmonde et devait être du voyage, et il en était d'autant plus charmé qu'il ne s'en flattait pas. La bonne bête le reconnut, et il l'emmena dans l'enceinte.

Raould craignant que les farouches habitans du château ne vinssent à sortir des souterrains, j'osai présenter mon bras à la princesse, et elle daigna l'accepter. Ses dames, par respect, ne la suivaient que de loin. Raould et Jacques étaient en avant. Ainsi la fortune m'avait ménagé une occasion que je n'eusse jamais osé demander au ciel. Enivré de mon bonheur, je marchais en silence auprès d'Helmonde, je craignais en parlant de me trahir. Car, quelle raison pourrait-il y avoir que la fille d'Edgard, qui paraissait si fortement attachée aux institutions de sa patrie, daignât recevoir les hommages d'un Neustrien, elle qui avait eu tant à se plaindre de Robert? Cependant ne fallait-il pas que je susse mon sort, car j'étais décidé, si je n'avais aucun espoir, de quitter pour jamais ma patrie, et après avoir instruit Edgard du lieu où sa fille se refugierait, de me retirer dans les montagnes qui séparent l'Espagne de la France, et d'y vivre inconnu à toute la terre.

Ces pensées me causaient une profonde tristesse. Helmonde s'en aperçut. — Pourrait-on savoir, seigneur, ce qui vous occupe si douloureusement, que vos yeux se remplissent de larmes, que la fierté naturelle à votre sexe ne vous permet pas de répandre? Cependant il me semble que l'heureuse issue de votre entreprise devrait éloigner de vous tout chagrin. —Je suis heureux, madame, d'avoir rendu à la société son plus bel ornement. Mais il est des malheurs qui portent dans l'âme une empreinte ineffaçable que rien ne peut détruire. — Quoi! sire Montaney, je vous devrai mon bonheur, et je ne pourrais contribuer au vôtre!—Ah! madame, n'interrogez pas un insensé. Cependant il me semble que je suis moins à plaindre du moment que vous daignez prendre quelqu'intérêt à ma douleur. —Il faudrait que je fusse bien ingrate si je ne partageais pas les chagrins de mon libérateur; il ne tiendra pas à moi de les adoucir, si je mérite un jour votre confiance.—Ah! princesse ne me flattez pas d'un vain espoir, vous n'avez d'autre désir que de rejoindre votre auguste père, c'est moi que vous chargez de lui apprendre que sa fille existe, et n'est-ce pas l'arrêt qui vous enlevera à la Neustrie? — Qui vous empêchera, seigneur, de vous fixer dans la Scandinavie; je sais par Albradus, que plusieurs des vôtres ont été faire des établissemens en Italie: croyez-vous que nos sites ne valent pas ceux du midi de l'Europe? Nos côtes sont aussi belles certainement que celles de la Méditerranée; la Baltique voit naviguer plus de vaisseaux que celles-ci, et les montagnes qui nous séparent de la Norwège s'élèvent aussi majestueuseuent dans les airs que les Alpes. Nos plaines couvertes de neige que nos rennes traversent avec tant de rapidité, ont un éclat magnifique, et nos longues nuits sont éclairées par leur reflet. Quel plaisir la chasse vous offre! Oui, Georges, je vous jure que vous ne serez point malheureux à la cour de mon père. — Ah! croyez-vous, madame, avoir besoin de l'éloquence que vous donne la nature pour me le persuader; mais il est des devoirs que rien ne peut faire violer.—J'entends, vous êtes unie à une beauté de votre nation, ou vous aspirez à l'être. — Moi! madame, je pourrais aimer..., m'enchaîner.... Non, je n'ai pas ce malheur, il acheverait d'altérer ma raison. — Eh! comment une union légitime vous cause-t-elle tant d'effroi? — Elle serait indissoluble. — Peut-on vouloir rompre des nœuds que l'amour a formés? — Ils font le charme de la vie, je le sais; ils n'ont pas même besoin de l'aveu de l'objet aimé: oui, il est des chaînes si précieuses que l'on se glorifie de les porter seul. —Je ne vous entends plus; Albradus m'a appris votre langue, mais il ne m'a rien dit de semblable;

vous m'expliquerez ces mots que je n'ai jamais entendus prononcer, demain quand nous prendrons le chemin de Rouen. J'entends le bruit que font vos gens en travaillant, ne parlez pas davantage de tout cela; je veux être la seule à qui vous appreniez la signification de ces mots si doux à l'oreille qu'ils font tréssaillir le cœur.—Vous pouvez être certaine, madame, que je ne les apprendrai qu'à vous, à vous seule.—Helmonde me sourit comme pour me remercier, et ce sourire me pénétra d'une si grande joie, que je dissimulai difficilement l'espérance qu'il me donnait.

On avait construit pour Helmonde et ses demoiselles une tente de feuillage où elles entrèrent. Elles s'assièrent sur des bancs de terre couverts de mousse; plus loin on avait allumé des feux pour préparer le dîner, dont un chevreuil qui était tombé sous les traits de Raould, faisait le meilleur mets. On y joignit du pain et du cidre, quelques fruits que l'on avait achetés dans une métairie voisine. Helmonde voulut que Raould et moi mangeassions avec elle, ainsi que les personnes de sa suite. Elle fut très-aimable avec tous, mais je ne crus pas me faire une trop forte illusion, en imaginant qu'elle était beaucoup plus occupée de moi que de tout ce qui l'entourait. La manière dont la conversation s'était terminée me laissait beaucoup d'espoir. Aussi je me sentais capable de tout entreprendre pour mériter mon bonheur.

Après le repas, Helmonde désira prendre quelques heures de repos, qui lui était d'autant plus nécessaire que nous devions marcher toute la nuit prochaine. Je me retirai donc avec Raould, à qui je racontai et ma surprise de trouver Helmonde différente de son prétendu portrait, et mon amour et mes espérances. Ainsi se passa le reste du jour qui devait sur le soir me réunir à la princesse.

Je quittai donc Raould qui alla rassembler nos soldats, et moi je me rendis à la cabane d'Helmonde. Elle en sortit s'appuyant sur le bras de Bertulfe qui venait de recevoir de sa maîtresse la confidence de l'idée qu'elle avait conçue de mon caractère. Je le vis au regard que cette dernière lança sur moi, et qui ne me parut pas celui de la malveillance.

CHAPITRE XXX.

Robert ne concevait pas ce que j'étais devenu, ainsi que Jacques et Raould. J'avais dit que nous allions chercher à lever de nouvelles troupes; il m'avait remis une grosse somme en or, dont je n'avais fait encore aucun usage. Depuis plus de dix jours nous étions absens sans avoir donné aucunes nouvelles. Rodrigue, sa femme et sa fille partageaient les inquiétudes de Sirglas, pour leur fils et leur frère. Il avait envoyé chez les parens de Jacques qui avaient assuré que leur petit fils n'avait passé que deux jours avec eux, qu'il les avait quittés en disant qu'il allait retourner chez sire de la Montagne, et la grand-mère se mit à pleurer en disant que sûrement son petit-fils avait été tué dans la forêt, ce que Robert pensa quand celui qu'il avait envoyé chez Geneviève lui eût rendu ce que l'on vient de lire. Cet enfant est sûrement mort, dit Sirglas; mais sire Montaney, mais Raould ayant avec eux vingt hommes, ne sont pas gens à se laisser égorger si facilement. On aurait entendu parler d'une rencontre; quelqu'un de la troupe serait venu nous apprendre la défaite des nôtres; mais un silence profond règne dans la contrée. Tous les jours je la parcours sans rencontrer aucun indice de leur marche. Seraient-ils allés à la cour du roi de France pour obtenir des secours d'hommes et des munitions?

Une pensée vague m'obsède, dit Robert en emmenant Rodrigue dans le verger; je n'ose m'y livrer, mais je crois quelquefois que Georges serait retourné au château d'Annebeau pour chercher à enlever la princesse. Il est jeune, il est audacieux, il sait qu'Helmonde me hait. — Comment supposer qu'un hommed'honneur ait pu avoir un semblable dessein? reprenait Rodrigue; mais si vous le croyez, venez avec moi, et deux de nos hommes, nous visiterons l'entrée des souterrains et nous saurons si on y a pénétré. Robert accepta ce que lui proposait son ami. Ils se rendirent auprès de la grotte, par une route que Rodrigue connaissait. Ils trouvèrent que l'entrée en était fermée comme nous l'avions laissée. Ils dérangèrent les branches d'épines que nous avions eu grand soin de remettre après être sortis de la grotte; ils pénétrèrent et trouvèrent les outils que nous y avions portés, et la communication parfaitement fermée, comme Robert savait que nous l'avions laissée. Ils ne sont pas venus, dit-il; je les accuse injustement; mais que sont-ils devenus? Robert revint tristement chez le seigneur de la Montagne, et tous les jours il parcourait la forêt, et ne me voyant pas revenir, il ne savait qu'imaginer.

Je m'occupais fort peu de ses inquiétudes, et la vivacité de mon amour ne me laissait pas le loisir de penser à autre chose qu'à obtenir l'aveu de la princesse. Nous nous étions mis en marche aussitôt le coucher du soleil. Près de la belle Helmonde que j'adorais, j'oubliais tout l'univers, j'oubliais jusqu'aux raisons que j'avais de craindre que mes projets ne s'accomplissent jamais.

Comme toute la troupe était à pied, et qu'il eût été dangereux de chercher à se procurer des chevaux, il fut convenu que nous ferions la route à très-petites journées. C'était bien dans l'intérêt de mon amour, car je passais des momens délicieux près d'Helmonde, qui, sous prétexte de se fortifier dans la langue d'un pays qu'elle n'avait peut-être pas le désir de quitter aussi promptement que je l'imaginais, me demandait l'explication des mots qu'Albradus ne lui avait point donnée. Le docteur m'a appris le mot *amitié*, dites-moi celui d'*amour*. — Ces deux mots ont une différence très-marquée : on a de l'amitié pour tout ce qui nous entoure, qui mérite notre estime, et qui possède des qualités aimables; on n'a d'amour que pour un seul objet.

Ce sentiment règne sur tout notre être, il circule dans nos veines, et les embrase du feu le plus subtil. La beauté le fait naître, l'esprit, les grâces l'entretiennent, la vertu le rend immortel. Il n'est rien de grand, de noble que l'amour n'entreprenne, rien de doux, de gracieux qu'il ne fasse goûter aux amans qu'il protège; les difficultés l'irritent, et donnent aux jouissances un charme toujours nouveau. Il n'est, pour l'être vraiment épris, qu'une pensée, celle du bonheur de l'objet aimé. Cette pensée absorbe toutes les autres, elle peut vaincre jusqu'aux transports de la jalousie. L'amant dont on rejette les vœux, pourrait encore trouver une douloureuse félicité à servir l'amour d'un rival préféré, dût-il mourir de son désespoir. Mais quelle langue peindra le bonheur d'un couple que l'amour a percé du même trait! leurs jours s'échappent sans qu'à peine ils s'en aperçoivent, sans qu'ils voient rien de ce qui les environne. Aimer, se le dire à chaque instant du jour, en recevoir les témoignages par d'innocentes caresses, le ciel serait jaloux de la terre si cette félicité n'était pas périssable comme tous les liens terrestres. — Quoi! dit Helmonde qui avait écouté avec avidité tout ce que je lui avais dit, quoi! cet amour si tendre qui rend si heureux, cesse donc...? — Il est des êtres que la nature a tellement enrichis de ses dons, qu'ils n'ont point à craindre que cette flamme céleste s'éteigne avant la fin des beaux jours, et comme je l'ai dit, quand tous les charmes s'unissent aux vertus, les sentimens qu'ils inspirent, réchauffent encore les derniers momens d'une vie dont l'amour a embelli la jeunesse. — Ainsi, selon vous, l'amour est le plus doux, le plus fort, le plus heureux des sentimens? — Il n'y a point de doute. — Pourquoi donc, Didon a-t-elle été si malheureuse? — Parce qu'Enée n'avait point un amour véritable : qu'importent les dieux quand l'objet aimé commande! — Vous croyez donc que lorsque l'on aime, on n'a plus de patrie, de parens, de dieux? — On peut avoir beaucoup d'attachement pour son pays, son père, sa religion; on doit peut-être leur sacrifier son amour, mais si on le sacrifie, on n'aime que faiblement, surtout si cet amour est partagé, s'il fait le bonheur de la moitié de soi-même. Enfin l'amour doit régner sur tous les autres sentimens, ou il n'existe pas. — Ah! que me dites-vous? fasse le ciel que jamais ce tyran ne s'empare de mon cœur, car je le sens, si je manquais à mes devoirs comme fille et comme sujette, je n'aurais plus qu'à mourir. Mais ne peut-il pas s'accorder avec les devoirs que la nature impose? — Il en devient plus heureux et plus constant.

Helmonde garda le silence et ne m'interrogea plus. Mais je ne doutais pas que mes paroles n'eussent fait une profonde impression sur son âme. Elle jetait sur moi un coup-d'œil à la dérobée, quand elle croyait que je ne la regardais pas; mais je ne perdais aucun de ses mouvemens, et lorsque nos regards se rencontraient, un faible incarnat colorait ses joues. Sa respiration était plus pressée et un léger frémissement dans la main qu'elle appuyait sur mon bras, annonçait que les battemens de son cœur étaient plus précipités que de coutume. Savais-je cependant si le sentiment que je ne pouvais douter lui avoir inspiré, serait assez vif pour qu'elle renonçât à sa famille, à sa religion, pour n'avoir plus d'autres dieux que le mien, d'autre patrie que la mienne ?

Le lever de l'aurore nous força de nous arrêter près d'un vieux château, où je proposai à la princesse de prendre quelque repos. Elle l'accepta, mais je ne m'en rapportai qu'à moi pour savoir s'il n'y avait aucun danger. Je passai un pont de bois, au bout duquel était une arcade qui se trouvait de l'autre côté d'un large fossé; il paraissait qu'il avait été plein d'eau, mais le temps avait comblé ou détourné le cours de la source qui l'entretenait, et il n'y avait plus au fond que quelques arbustes que les oiseaux y avaient semé. On voyait encore à cette arcade les gonds qui avaient, suivant les apparences, soutenu une grille qui fermait cette entrée; elle communiquait à une longue galerie voûtée où rendaient plusieurs grandes salles, et rien ne faisait croire qu'elles fussent habitées. Point de tables, de bancs, ni d'escabelles. Je les visitai toutes avec grand soin, et elles étaient aussi désertes les unes que les autres. J'appelai à haute voix, l'écho seul me répondit. Alors je retournai vers Helmonde, et je lui dis que je ne voyais lieu à aucune crainte dans ce vieux manoir. Mais toujours, pour plus de sûreté, je fis avancer dix des nôtres qui servirent d'avant-garde; Raould et moi nous restâmes auprès de la princesse et de ses demoiselles. Ses écuyers marchaient ensuite, derrière venaient les dix autres soldats, et les esclaves fermaient la marche. C'est ainsi que nous prîmes possession de cette antique demeure, que la guerre avait presqu'entièrement ruinée; car il paraissait qu'il y avait eu autrefois un bâtiment pareil à celui où nous étions. Tout le reste avait été détruit : des pierres et des pièces de bois amoncelées l'attestaient encore.

Comme nous étions assez près d'un village, nous pensâmes à y envoyer quatre hommes de ma compagnie, pour avoir des vivres en payant, ce qui n'était guères d'usage pour les militaires, qui forçaient le malheureux paysan à leur fournir sans argent ce dont ils avaient besoin. Aussi on eût dit deux nations dans le même peuple. Les soldats devenus tout-à-coup féroces, semblaient n'être plus de la même nature que les habitans des villes et des campagnes. Et ce même paysan enrôlé sous nos drapeaux, eût pillé la maison de son père, et eût à peine respecté l'honneur de ses sœurs. Nos gens revinrent et on s'occupa de préparer le dîner. Les morceaux de poutre que le temps avait à moitié détruites, servirent à alimenter le feu, et en fort peu de temps on nous servit. Une table avait été construite ainsi que les bancs, avec les débris qui environnaient le bâtiment. Nous nous assîmes gaîment à ce banquet qui me parut délicieux, malgré la rusticité des mets. La princesse, qui ne se trouvait pas aussi fatiguée que la veille, et qui voulait détourner ses pensées de ce que je lui avais dit, m'offrit de m'apprendre, à Raould et à Jacques, tout ce qu'elle avait souffert depuis qu'elle avait été donnée en ôtage à Robert. Ce que nous acceptâmes avec un vrai plaisir, et ayant fait faire un grand feu dans l'énorme cheminée de la salle où nous avions dîné, car il tombait une pluie assez fraîche, et cette maison n'étant point habitée, et n'ayant plus rien qui fermât, était fort humide. Nous nous assîmes sur des poutres qu'on y avait transportées en place de bancs, et nous écoutâmes avec un grand intérêt ce qu'Helmonde voulait bien nous raconter.

CHAPITRE XXXI.

Vous avez sûrement su par Robert de quelle manière il me força à me livrer comme ôtage, et sa déloyauté. Ridschil exigea de lui le serment le plus redoutable, dont j'ignorais la raison. Je l'appris depuis, et je suis obligée de convenir qu'il l'a religieusement gardé. Il m'a dit plus tard qu'il avait forcé ses horribles associés à prononcer le même serment, et il est certain qu'ils ne l'ont point enfreint. Mais revenons au moment terrible où je fus forcée de quitter tout ce qui m'était cher, pour suivre un homme qui ne m'inspirait qu'un sentiment d'effroi, dont je n'entendais point la langue, qui n'adorait point Odin. Ma seule consolation était d'emmener avec moi ceux qui m'étaient attachés. Cependant, dès que je fus à bord, un noir pressentiment me saisit, et je dis à Bertulfe qui m'avait élevée, que j'aime et qui m'aime tendrement : je suis perdue, jamais je ne reverrai les lieux qui m'ont vu naître, jamais je ne viendrai pleurer sur le tombeau de ma mère. Vous savez que la traversée fut malheureuse, que le bâtiment que nous montions périt, et avec lui plus de moitié de ma suite, et une grande partie de mes trésors. Hélas! il eût été à désirer que j'eusse aussi perdu la vie. Que de jours ténébreux ont succédé à celui de cette horrible tempête! Nous échouâmes sur les côtes de Neustrie. Robert me supplia de ne point paraître sans avoir la tête couverte d'un voile; comme je crus que c'était dans l'usage de son pays, je m'y conformai. Il ne me perdait pas de vue un instant, et vous savez tout ce qui se passa dans ce moment, son voyage dans une île de la Manche, où il me força de l'accompagner. Il m'y laissa sous la garde de l'ermite, qui me vanta le bonheur dont je jouirais avec le seigneur d'Annebeau, qui rentrait dans ses domaines. J'entendais à peine ce que cette figure encapuchonnée me disait. J'étais alors si jeune, que malgré mes sujets de douleur, j'avais quelquefois envie de rire de sa mine hétéroclite, et Bertulfe elle-même le trouvait si bizarre, qu'elle ne pouvait concevoir la vénération que l'on témoignait à cet ermite. Enfin Robert revint, il paraissait accablé de noirs soucis. Alors il n'avait point pris l'habitude des remords, ils lui causaient encore d'affreux tourmens. Cependant il persista dans ses desseins criminels, et nous partîmes de l'île de l'ermitage pour nous rendre à Annebeau.

Lorsque j'aperçus ces énormes tours, ces murs noircis par le temps qui paraissait les avoir ébranlés, il me prit un tremblement que Robert remarqua, et il me dit que je ne devais rien craindre, que ce château avait appartenu de tout temps à ses ayeux, et qu'il s'estimait heureux de m'y offrir une demeure digne de mon rang. A cet instant, nous arrivions au portique où, bien des années après, vous vîntes pour entrer avec Jacques. Il n'en fut pas pour moi comme pour vous, à qui on ne permit pas de passer par cette porte, au contraire elle s'ouvrit comme par enchantement, car je ne vis personne. Nous traversâmes de longues galeries, et enfin Robert me fit entrer dans une chambre magnifiquement meublée, et il me dit : Madame, voilà l'appartement que j'ai fait disposer pour vous, vous pouvez demander tout ce que vous désirez. Je ne voulus autre chose sinon que Bertulfe couchât dans ma chambre. Robert prit avec lui deux de mes esclaves, et ils apportèrent tout ce qui était nécessaire pour monter un second lit près du mien. Les quatre autres demoiselles occupaient une petite galerie qui rendait dans ma chambre, au bout de laquelle était un escalier qui descendait dans le jardin, mais dont Robert seul avait la clef. Dans la grande galerie qui précédait mon appartement, étaient les portes des chambres que Sirglas avait fait préparer à mes écuyers et à mes domestiques. La porte de cette galerie était aussi fermée, il n'y avait que Robert qui eût le droit de l'ouvrir.

C'était par cette porte que l'on se rendait à ce qu'il appelait le temple de son Dieu, où il me forçait de venir. Je résistai assez long-temps; mais enfin je me rendis dans une tribune fermée, comme vous savez, par des grilles très-serrées. Je n'ai jamais pénétré la raison qui l'engageait à vouloir que je priasse avec lui, si ce n'est que se sentant très-criminel, il n'osait s'approcher seul de la Divinité, et se faisait un rempart de mon innocence contre la justice divine. Les chants mélodieux que j'entendais pendant ce pieux exercice, suspendirent peu à peu mes profonds chagrins, et j'avais fini par me faire une douce habitude de ce culte que j'adressai aux

Dieux de mes pères. Cependant j'espérais que ma prison finirait, et je pressais Robert d'écrire à mon père, afin qu'il lui rendît Clotilde, et vînt me reprendre. Il me répondait toujours d'une manière ambiguë. Enfin après trois mois de séjour dans sa vaste prison, cet homme barbare me déclara qu'il avait fait publier ma mort et la sienne, et que je ne devais plus conserver la moindre espérance de revoir mon père. Je ne puis rendre la colère que je ressentis à cette déclaration, je l'accablai d'injures, je lui dis que je n'avais qu'une faveur à attendre de lui, c'était la mort. Il ne parut point ému de ce que je lui disais, m'assura de son profond respect et se retira. Je pleurai pendant vingt-quatre heures sans vouloir recevoir la moindre consolation, et sans vouloir accepter aucune nourriture. Cette obstination l'effraya, et ce fut alors qu'il amena dans mon appartement Albradus, qu'il présenta à Bertulfe comme un médecin habile, et ayant l'avantage d'entendre et de parler la langue scandinave, ayant été dans ce pays pour y étudier l'histoire naturelle du Nord. Bertulfe dit qu'elle m'en parlerait, que le docteur pouvait attendre dans la galerie, et qu'elle viendrait l'y chercher, si je désirais de le voir.

Robert se retira en suppliant Bertulfe de m'assurer qu'il passerait sa vie à me prouver son respect et son amour.—Le respect, dit Bertulfe, la princesse a droit d'y prétendre; quant à l'amour, ne prononcez jamais ce nom devant ma maîtresse, il ne peut que vous couvrir de ridicule. Quoi! vous, époux et père, oser avouer une passion criminelle pour une jeune personne qui entre dans sa quatorzième année, et dont le rang est au-dessus du vôtre, est une folie si nouvelle, que je vous engage à n'en jamais parler. Robert voulut répliquer, Bertulfe lui imposa silence, et il se retira la rage dans le cœur. J'avais entendu la conversation de mon amie avec mon ravisseur, et elle était si conforme à mes sentimens, que j'en ressentis quelqu'adoucissement à ma peine, ce qui me disposa à voir Albradus, dont le bizarre costume m'eût fait rire, si je l'avais pu dans ma douloureuse situation.

Je ne tardai pas à reconnaître que c'était un homme de beaucoup d'esprit. Il m'apprit qu'il était une victime de la tyrannie des complices de Robert, et m'offrit tous les soins et les consolations dont son art et son expérience pouvaient lui donner les moyens. Dans l'excès du malheur, la plus légère consolation paraît précieuse. Celle que me donna Albradus était très-réelle. Il connaissait le pays où j'étais née, il avait vu ma mère dont la mort alors récente faisait souvent couler mes larmes. Il avait été présenté à mon père, comme un savant distingué. Ces objets me fournissaient des sujets intarissables de conversations, dans lesquelles il avait l'art de me laisser entrevoir des lueurs d'espérance. Je sus par lui tous les détails de l'horrible association de Robert avec les scélérats qui habitaient son château, et que loin de dissiper les frayeurs superstitieuses qu'ils cherchent à inspirer aux habitans de ces cantons, Robert s'unissait à ces scélérats pour les fortifier encore. Enfin, sans vouloir ou sans pouvoir lever entièrement le voile qui couvre encore leur mystérieuse existence, il me rassurait toujours lorsque ces génies infernaux cherchaient à m'effrayer par des prodiges, de manière que j'y étais tellement accoutumée, qu'ils ne faisaient plus d'impression sur moi.

Ce ne fut pas le seul service qu'Albradus me rendit; il se fit un grand plaisir de cultiver les dispositions que j'avais reçues d'Odin. J'appris la langue de Neustrie, je me perfectionnai dans la mienne. Il m'enseigna à écrire l'une et l'autre, il me donna des leçons de physique et d'histoire; enfin je lui dois tout ce que j'ai acquis de connaissances. Il voulait me parler de sa croyance religieuse; mais je le priai de s'en épargner la peine, comme d'une chose complètement inutile, ne voulant jamais être d'une religion différente de celle des auteurs de mes jours: il n'insista pas. Robert, de son côté, ne négligeait rien pour me procurer ce qu'il appelait des plaisirs.

Parmi ses abominables associés que je ne voyais jamais, il y en avait qui chantaient de la manière la plus harmonieuse, et chaque jour ils se rendaient dans une grande salle autour de laquelle était une galerie fermée avec des rideaux, de sorte que je ne les voyais point, mais j'entendais des voix délicieuses unies à des accords de harpe, qui donnaient l'idée du chant de nos bardes. Dans d'autres instans, je me promenais avec ma suite dans les beaux jardins qui entourent la partie du château que j'habitais, mais dans lesquels il n'y avait point de jardinier; j'ai toujours pensé qu'ils ne travaillaient que la nuit. C'est ainsi que se sont écoulés plus de huit ans, sans que Robert ait jamais pu vaincre la haine que je lui avais vouée. Je languissais sans espoir, et en vain Sirglas imaginait tout ce qu'il croyait devoir me plaire, il ne reçut jamais de moi que des marques du plus parfait dédain.

Une des choses qui me causa quelque distraction, fut lorsqu'il me donna la jolie chèvre blanche, dont le lait me fut très-salutaire. Cependant si j'avais su que c'était un véritable chagrin pour Jacques, je ne l'aurais pas demandée. Je dois l'aimer beaucoup, puisqu'elle est cause d'un grand changement dans mon existence; et cette aventure a été bienheureuse pour moi et pour Blanchette. — C'est une faveur du ciel, madame, de vous être attaché. Il caresse la chèvre.

J'admirai la bonté de la princesse

qui ne parla point du mariage d'Algrave avec un des êtres diaboliques. Elle mit, au contraire, beaucoup de grâces à rappeler le premier moment où elle me vit, parla de la romance qu'elle chanta, de l'orage, de la tour frappée de la foudre, ce qui lui donna tant d'inquietude pour moi ; et comme je l'en remerciais elle ajouta : J'ordonnai à Robert de vous faire entrer, ce qui le contrariait infiniment et peut-être ses chers associés, mais il n'osa me résister. J'avais pris, avec les années, un grand ascendant sur lui, et quelquefois je me flattais que je le forcerais à briser mes chaînes. Je m'en expliquai avec lui d'une manière formelle. Alors il se jetta à mes pieds, et m'avoua qu'il n'en était pas le maître ; que les monstres auxquels il s'était si imprudemment confié, lui avaient signifié que jamais ils ne consentiraient à mon départ. Ce fut alors que je pris le parti de vous écrire, et de vous envoyer le portrait de ma mère, pour qu'il vous servît de lettre de créance auprès de mon père. J'ignore comment Robert imagina de sortir de sa prison et de vous emmener : cela m'est assez indifférent. Grâce à vous, cher Montaney, je suis libre, et ma reconnaissance sera éternelle.

Comme la princesse prononça ces mots, on entendit le retentissement de pas pesans que l'écho des voûtes répétait. Qui vient ici? dit la princesse en se serrant contre Bertulfe. Je me levai aussitôt, et ouvrant la porte de la salle, je vis un vieillard à cheveux blancs qui ployait sous le faix d'une charge de bois qu'il avait ramassée dans le jour, et qu'il rapportait. Il parut plus effrayé que je ne l'etais, car son aspect m'avait rassuré contre toute surprise. Il jetta son fagot et s'apprêtait à fuir. Je l'eus bientôt rejoint, et je lui dis : Bon vieillard, ne fuyez pas ceux que le ciel a amenés ici pour quelques instans, qui n'ont nulle volonté de vous faire dû mal, et pourraient au contraire vous faire du bien. — Du bien ! dit-il en me regardant avec des yeux où se peignait l'étonnement, des hommes faire du bien à leurs semblables ! Non, tout ce que l'on peut en attendre est une froide indifférence. — Tous ne sont pas tels que vous les dépeignez. — Non, il en fut un seul dont la bonté surpassait ses brillantes qualités, ils l'ont tué et je n'ai pu le venger. — Venez, homme respectable, venez, vous trouverez des amis, des frères. — Il n'en est plus pour moi.

La princesse, qui ne pouvait dissimuler ses craintes, envoya un de ses écuyers savoir ce qui m'arrêtait si long-temps. Le vieillard leva les yeux, et s'écria : un Scandinave ici !— Oui; dit Herberd dans le même idiòme ; venez au milieu de nous trouver des concitoyens, des amis.— Celui-ci, en me montrant, est Neustrien. — Oui, mais il est des nôtres. Falkein (c'était le nom du vieillard) se laissa entraîner dans la salle, où il fut d'une grande surprise en voyant des femmes jeunes et belles ayant le costume de son pays. — Est-ce un songe qui m'abuse ? est-il possible que je retrouve ici des compatriotes ? et par quel destin sont-elles avec des soldats neustriens ?— Ce sont, dit Helmonde, mes libérateurs ; mais vous, bon vieillard, qui vous a fait choisir un genre de vie, pour lequel, à votre manière de vous exprimer, à la noblesse de vos traits, vous ne paraissiez pas être destiné : apprenez-m'en la cause. — Le malheur. La princesse le pria de lui donner quelques détails sur le sujet de ses douleurs, et l'assura qu'il ne trouverait parmi notre troupe personne qui y fût insensible ; mais, dit-elle, avant de nous instruire des événemens sûrement extraordinaires qui vous ont amené dans ce triste asile, acceptez quelques rafraîchissemens. Bertulfe et Algrave s'empressèrent de lui offrir des mets qui, sans être recherchés, devaient être meilleurs que ceux dont se nourrissait ce vieillard. Il accepta ce repas, et nous vidâmes avec lui une coupe en l'honneur des guerriers du Nord. On s'étonnera peut-être qu'un Neustrien pût porter un pareil vœu. Hélas ! qui ne sait que l'on n'a de patrie que celle de l'objet aimé !

FIN DU SECOND VOLUME.

www.ingramcontent.com/pod-product-compliance
Lightning Source LLC
Chambersburg PA
CBHW060027100426
42740CB00010B/1625

* 9 7 8 2 0 1 1 8 7 7 6 9 7 *